사계절 천연 가습
공기정화식물 105가지

베스트 공기정화 식물

사계절 천연 가습
공기정화식물 105가지

베스트 공기정화식물

초 판 발행 2010년 7월 12일
개정판 발행 2014년 7월 15일

지은이 제갈영

펴낸이 강기원
펴낸곳 도서출판 이비컴

편 집 홍소연
디자인 이승현
마케팅 김동중, 이은미

주 소 서울 동대문구 신설동 96-24 세원빌딩 402호
대표전화 (02)2254-0658   **팩 스** (02)2254-0634
전자우편 bookbee@naver.com

등록번호 제6-0596호
등록일자 2002.4.9
ISBN 978-89-6245-073-6 13480

ⓒ 제갈영 2014

· 책 값은 뒤표지에 있습니다.
· 이 책은 도서출판 이비컴이 저작권자의 계약에 따라 발행한 것이므로
  도서의 일부를 사용하려면 저작권자와 출판사의 동의를 받아야 합니다.

· 이 책에 소개된 식물 중 소개된 이름과 사진이 일치하지 않은 몇몇 식물들은
  해당 식물의 유사종을 소개한 것도 있음을 밝혀둡니다.

· 파본이나 잘못 인쇄된 책은 구 입하신 서점에서 교환해 드립니다.

이 도서의 국립중앙도서관 출판시도서목록(CIP)은 e-CIP 홈페이지(http://www.nl.go.kr/cip.php)에서
이용하실 수 있습니다.(CIP제어번호: 2012000228)

사계절 천연 가습
공기정화식물 105가지

베스트
공기정화식물

17가지 테마의
친환경 실내식물

제갈영 지음

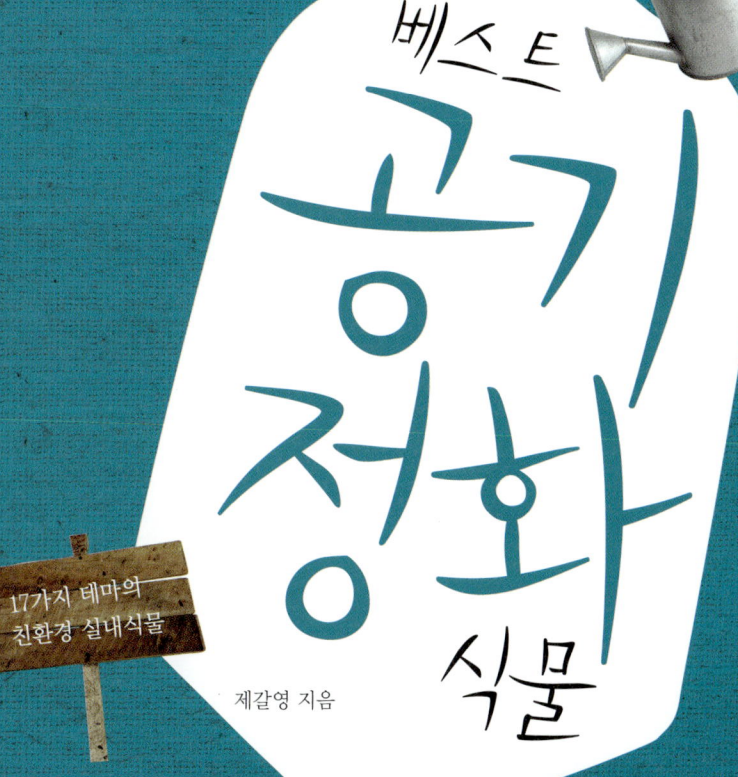

이비락 樂

Preface

책을 시작하며...

지난 10여 년간 우리나라 수목원과 식물원의 온실을 드나들며 열대식물을 관찰해보았습니다. 처음에는 한겨울의 추위를 피해 온실의 따뜻함을 느껴보고자 했는지도 모르겠습니다. 하지만 식물원 온실은 다니면 다닐수록 온통 호기심을 자극할만한 이국적인 식물들로 가득 차 있었고, 저에게는 모두 그냥 내버려두기에는 너무나도 아까운 보물이 되었습니다.

식물원 온실에서 자라는 열대식물들은 동네 화원이나 비교적 큰 화훼시장에서도 어렵지 않게 만날 수 있습니다. 식물원의 온실은 외국에서 들여온 식물의 식생에 맞게 환경을 조성하다보니 화원 등에서 볼 수 있는 식물과는 비교가 되지 않을 만큼 크게 자라지만 화원이나 화훼시장에서 만나는 식물들은 가정에서 키우기 알맞게 다양한 상품으로 출시되는 것을 보니 이 또한 매우 신기할 수밖에요. 이렇게 틈틈이 식물원이나 수목원에서 만났던 열대식물들을 화원이나 화훼도매시장에서 구입하여 직접 키워보았습니다. 개인적으로 환절기 때마다 알레르기 증상을 경험했던 탓인지 이러한 실내식물 키우기는 많은 경험과 지식을 갖게 하였고, 구입할 때마다 현지농장 혹은 구입처에 알려준 키우는 법 등이 소중한 자료가 되었습니다. 또한 수목원 푯말에 쓰인 이름과 시중에서 판매할 때의 식물명을 간혹 다르게 부르거나 애칭으로 축소해 불러 헷갈린 면도 있었지만 화훼시장 관계자 여러분의 도움으로 쉽게 파악할 수 있었습니다.

실내식물을 키우는 목적은 일차적으로 단순히 악취나 각종 오염 및 유독성화학물질로부터 우리의 환경을 지키고 몸을 보호하는 역할입니다. 그에 못지않게 중요한 것이 있다면 실내식물을 통해 살아있는 생명의 소중함을 느끼고 친환경적인 생활을 나누는 일입니다. 인간은 자연을 떠나서는 살 수 없는 존재인 것처럼 자연이 인간에게 주는 삶의 활력소를 만끽하면서 사는 것은 현대에 들어와 그 어떤 것과도 비교할 수 없는 중요한 일입니다.

 이 책은 공기정화식물이 갖는 생육상의 특성과 실제 조경 및 화훼 관계자의 조언을 토대로 총 17가지의 테마로 나누어 소개하고 있습니다. 또한 미우주항공국(NASA)에서 밀폐된 우주선에 식물들을 탑승시켜 15년간 분석한 결과 우주인들의 심리적 안정은 물론 생리적인 부분까지 영향을 끼친다는 것을 알게 되었고 인간의 실내 적응과 유해한 물질로부터 정화시켜주는 식물이 실내 환경을 유지하는데 있어서 중요한 수단임을 실증한 공기정화식물 50가지도 함께 다루고 있습니다. 또한 생활에 이로움을 주는 테라피용 허브식물 등도 추가하여 공기정화는 물론 실내인테리어를 통한 심리적 안정에도 도움이 될 수 있도록 하였습니다.

 이 책을 만들기까지 조언과 도움을 주신 신촌 블루밍의 신진묵 사장님과 덕양구 중앙꽃도매상가 홍광농원 사장님, 그리고 실내 촬영에 협조를 해주신 박중현, 유리수님께 깊은 감사를 드립니다.

2014년 6월 제갈영 드림

Contents

이 책의 차례

Part 01 거실에 좋은 공기정화식물

- 01. 우리집 천연 가습기 **아레카야자** 황야자 • 14
- 02. 가죽처럼 두툼한 예쁜 녹색의 잎 **인도고무나무** • 18
- 03. 오랫동안 피는 꽃 **거베라** • 20
- 04. 튼튼한 생명력을 지닌 **쉐프렐라** 홍콩야자 • 22
- 05. 키우는 재미가 쏠쏠한 **커피나무** • 24
- 06. 유해 화학물질 예방 **드라세나 와네키** • 28
- 07. 몸에 좋은 자생 공기정화식물 **비쭈기나무** • 30

Part 02 침실에 좋은 공기정화식물

- 08. 실내 밤공기와 품위를 지켜주는 **산세베리아** • 34
- 09. 품위 있는 분위기를 연출하는 **덴드로븀** • 36
- 10. 꽃을 피워야 비로소 인정받는 **게발선인장** • 40
- 11. 별사탕처럼 앙증맞은 꽃 **호야** • 44
- 12. 잎과 꽃색이 강렬한 포인트 식물 **익소라** • 46
- 13. 실내 습도를 측정하는 지표식물 **아디안텀** • 48

Part 03 주방에 좋은 공기정화식물

- 14. 쾌적한 주방 공기를 위한 **아펠란드라** • 52
- 15. 조화처럼 생긴 우리나라 식물 **산호수** • 54

16. 걸이분으로 좋은 하트모양의 잎 **필로덴트론 옥시카르디움** • 56
17. 주방의 대표 공기정화식물 **스킨답서스** • 58

Part 04 공부방, 사무실 책상 위의 공기정화식물

18. 기도하는 얼룩무늬 이파리 **마란타** • 62
19. 건조한 겨울에 잘 어울리는 **카랑코에** • 64
20. 꽃보다 잎이 더 예쁜 **칼라데아 마코야나** • 66
21. 기분을 상쾌하게 풀어주는 **레몬밤** • 70
22. 잔줄기 많고 잎도 큰 천연 공기정화기 **팔손이나무** • 72
23. 버드나무 잎을 닮은 고무나무 **피쿠스알리** 알리고무나무 • 74

Part 05 현관, 신발장 옆의 공기정화식물

24. 실내 식물의 베스트셀러 **벤자민고무나무** • 78
25. 활기찬 분위기를 연출하는 관엽식물 **콜레우스** • 80
26. 작게 키울수록 예쁜 **피토니아** • 82

Part 06 화장실에 좋은 공기정화식물

27. 꽃보다 불염포가 더 아름다운 **안스리움** • 86
28. 쓰임새가 다양한 에코 플랜트 **맥문동** • 88
29. 풍성한 잎으로 공기정화 효과까지 **보스턴고사리** • 90
30. 걸이분으로 잘 어울리는 초록빛 열대식물 **싱고니움** • 92
31. 우리나라 자생식물 **남천** • 94

Part 07 아파트 베란다의 공기정화식물

- 32. 벨기에에서 온 서양철쭉 **아잘레아** · *98*
- 33. 매력적인 잎을 가진 마리안느 **디펜바키아 카밀라** · *100*
- 34. 화장품 원료로 쓰이는 **알로에 베라** · *102*
- 35. 우리나라 특산식물 **황칠나무** · *106*
- 36. 향기와 습도조절 능력이 뛰어난 **붓순나무** · *108*
- 37. 포름알데히드 먹는 토종 식물 **털머위** · *110*

Part 08 유치원, 학교에 좋은 공기정화식물

- 38. 역사 깊은 화단식물 **베고니아** · *114*
- 39. 매력적인 잎을 가진 파인애플 **아나나스** 애크메아 파시아타 · *116*
- 40. 농염한 겨울 꽃의 여왕 **시클라멘** · *118*
- 41. 화분에 키우면 모던한 느낌을 주는 **아스플레니움** 파초일엽 · *120*
- 42. 탐스러운 열매와 일품향의 **귤나무** · *122*
- 43. 바람개비 닮은 꽃 **마삭줄** · *124*

Part 09 지하 작업실, 지하 상가에 좋은 공기정화식물

- 44. 지하 실내 공간의 제왕 **스파티필럼** · *130*
- 45. 테이블 위의 작은 야자 **테이블야자** · *132*
- 46. 영화 레옹에서 만나는 **아글라오네마** · *134*
- 47. 모양새가 힘찬 지하 조경식물 **고비** · *136*

Part 10 숍, 백화점 쇼윈도에 좋은 공기정화식물

- 48. 햇빛을 받으면 더 화사해지는 **크로톤** · *140*
- 49. 소나무를 닮은 매력적인 상록 침엽수 **아라우카리아** 호주삼나무 · *142*
- 50. 적은 비용, 높은 녹색 효과 **드라세나 자넷 크레이그** 드라세나 콤팩타 · *144*
- 51. 한 그루만으로도 효과가 큰 **필로덴드론 에루베스센스** · *146*

52. 나비를 닮은 꽃 호접란 팔레높시스 • 148
53. 피톤치드를 뿜어내는 레몬향의 율마 • 150

Part 11 카페, 레스토랑과 잘 어울리는 공기정화식물

54. 인테리어와 공기정화를 한방에 헤데라 아이비 • 154
55. 크리스마스 시즌에 돋보이는 포인세티아 • 156
56. 높은 증산율과 이국적 분위기를 연출하는 왜성바나나 • 160
57. 크림색 반점이 아름다운 관엽식물 디펜바키아 콤팩타 안나 • 164
58. 할아버지 수염을 닮은 수염 틸란드시아 • 166
59. 페루에서 온 보랏빛 향수초 헬리오트로프 • 168
60. 한지-韓紙 느낌을 주는 부겐빌레아 • 170

Part 12 관공서, 공공장소, 호텔 로비의 공기정화식물

61. 우람한 수형을 뽐내는 필로덴드론 셀로움 • 176
62. 동양적 분위기를 자아내는 관음죽 • 178
63. 여름철에 시원한 청량감을 주는 피닉스야자 • 180
64. 손쉽게 키울 수 있는 우아한 관상수 드라세나 마지나타 • 182
65. 조경수로도 유명한 왕관 닮은 소철 • 184
66. 수려한 잎을 가진 덩굴식물 그레이프 아이비 • 186

Part 13 부와 행운, 명예를 불러오는 공기정화식물

67. 옥수수 잎을 닮은 행운 가득한 식물 행운목 드라세나 맛상게아나 • 190
68. 행운과 부를 상징하는 백량금 • 192
69. 동전 모양의 잎을 가진 다육식물 크라슐라 염좌 • 194
70. 난-蘭이 아닌 난-蘭 군자란 • 196

Part 14 아토피에 좋은 공기정화식물

71. 잉카인들이 즐겨 먹던 **구아바** · *200*
72. 사과향의 아로마테라피 **캐모마일** · *202*
73. 피부에 청량감을 주는 **페퍼민트** · *204*
74. 살균과 항균에 강한 **세이지** · *206*
75. 아로마테라피 허브 여왕 **라벤더** · *210*

Part 15 창의력에 좋은 공기정화식물

76. 흰 줄무늬가 예쁜 난초 **접란** · *214*
77. 주변을 화려하게 수놓는 **튤립** · *216*
78. 포도송이처럼 생긴 꽃 **무스카리** · *220*
79. 열매가 꿀처럼 달콤한 덩굴식물 **멀꿀** · *222*
80. 고사리과 식물 **네프롤레피스 오블리테라타** 넉줄고사리류 · *224*

Part 16 흡연장소에 좋은 공기정화식물

81. 대나무처럼 시원함을 주는 **대나무야자** 세이브리지야자 · *230*
82. 이산화탄소 흡수에 강한 금전수 **파키라** · *232*
83. 기능성이 뛰어난 가을국화 **포트맘** 소국 · *234*
84. 식용색소로도 쓰이는 예쁜 꽃의 **치자나무** · *236*

Part 17 기억력 증진과 건강에 좋은 공기정화식물

85. 머리를 맑게 하는 바다의 이슬 **로즈마리** · *240*
86. 향기로 사람에게 이로움을 주는 **자스민** · *243*
87. 피로회복과 살균력이 강한 **애플민트** · *246*
88. 강력한 음이온으로 스트레스를 풀어주는 **먼나무** · *248*
89. 포름알데히드 제거 능력이 탁월한 **차나무** · *250*

Part 18 부록

가정집 실내 공기의 오염물질 · *254*

사무실, 상점의 실내 공기중 오염물질 · *255*

아토피 증세 개선과 관련된 식물 목록 · *256*

아토피 예방을 위한 베이비룸 공기정화식물 목록 · *257*

NASA 추천 공기정화식물 50선과 각각의 공기정화 효과 · *258*

찾아보기 · *260*

암모니아 제거에 특히 효과 있는 **호마로메나 발리시** · *17*

솔잎 닮은 이파리 국화 닮은 꽃 **사철채송화** 송엽국 · *27*

우리나라 바람꽃을 닮은 고독의 꽃 **아네모네** · *39*

산소를 뿜어내는 도톰한 관엽식물 **페페로미아** · *43*

미니화단에 어울리는 큰 바위 얼굴 **가자니아** · *69*

물방울무늬를 닮은 관엽식물 **하이포에스테스히포** · *83*

미니정원에 잘 어울리는 아프리카 봉선화 **임파첸스** · *105*

모기퇴치용 식물 **제라늄** · *126*

단아하고 화려한 꽃 **제피란서스** · *127*

실내 미니정원과 주방에 잘 어울리는 **필레아** · *147*

연잎을 닮은 **한련** · *159*

미니정원을 풍성케 하는 검—劍 모양의 잎 **글라디올러스** · *163*

코끼리 귀를 닮은 필로덴트론 **도메스티컴** · *173*

밤에 공기정화효과가 탁월한 **선인장** *Tip* 부채선인장(백년초) · *209*

화사한 봄소식을 알리는 **크로커스** · *219*

사랑이 찾아오는 설렘의 꽃 **아가판서스** · *229*

거실에 좋은
공기정화식물

거실은 온 가족이 함께 사용하는 넓은 공간인 만큼
공기정화 능력도 탁월하고 식물의 크기도 1m 정도의 큰 식물이 좋습니다.
이번 장에서는 잎도 크고 공기정화 능력도 뛰어난
인도고무나무, 아레카야자, 쉐프렐라(홍콩야자) 등을 소개합니다.

튼튼한 생명력을 지닌 아레카야자
가죽처럼 두툼한 예쁜 녹색의 잎 인도고무나무
오랫동안 피는 꽃 거베라
튼튼한 생명력을 지닌 쉐프렐라
키우는 재미가 쏠쏠한 커피나무
유해 화학물질 예방 드라세나 와네키
몸에 좋은 자생 공기정화식물 비쭈기나무

01

우리집 천연 가습기

아레카야자 황야자

Chrysalidocarpus lutescens

NASA 추천 공기정화식물 1위

분류	야자과 열대상록관엽식물
영어명	Areca palm
학명	*Chrysalidocarpus lutescens*
높이	3~9m

흔히 '황야자'라고도 불리는 아레카야자는 아프리카 동남쪽에 위치한 섬나라 마다가스카르 원산의 열대식물입니다. 야자나무 종류 중에서 세계적으로 가장 인기 있는 식물로 알려져 있으며, 호리호리한 수고-樹高와 조밀하게 붙은 깃털 잎, 황록색의 색상은 거실과 사무실을 1년 내내 울창한 녹음에 젖게 만듭니다. 우리나라에서는 주로 거실이나 사무실의 반나절 그늘에서 키우는 것이 좋고 약간 어두운 그늘에서도 잘 자랍니다. 크게 자란 아레카야자는 늘씬하고 울창한 녹음을 보여주기 때문에 일부 열대 국가에서는 노지용 조경수로 많이 심습니다.

아레카야자의 큰 줄기는 대나무 줄기처럼 마디가 있고 뭉쳐 올라온 가느다란 줄기가 큰 줄기를 가운데 두고 방사형으로 뻗습니다.

공기정화 포인트

아레카야자는 실내 공기 중 페인트, 신나, 염료, 접착제의 독성 성분인 '톨루엔'과 '키실렌'을 제거하는데 탁월한 효과가 있습니다. 새로 페인트칠을 한 사무실이나, 아파트의 새집증후군, 거실에 새 카펫을 깔았을 때, 담배 연기 등 인체에 해로운 독성을 제거할 목적으로 키우기에 적당합니다. 또한 가시가 없어서 아이들에게도 위험성이 없습니다. 2~3m 높이의 아레카야자는 호텔 로비나 공항 라운지 등의 관상수로 안성맞춤입니다.

거실에 좋은
공기정화식물

가느다란 줄기에는 깃털 모양의 잎이 자라는데 깃털 잎에는 작은 잎들이 40~60개씩 마주납니다. 깃털 잎들은 대체로 가늘기 때문에 바람이 불면 부챗살처럼 하늘거립니다. 잎은 수분이 부족하거나 밝은 장소에 오랫동안 놓아두면 황색으로 변하는 속성이 있는데 이 때문에 '황금'을 뜻하는 희랍어 'Chrysos'와 '열매'를 뜻하는 'kar-pos', '노란빛으로 변하다'의 'lutescens'가 합쳐 *Chrysalidocarpus lutescens*라는 학명이 붙었습니다. 황야자라는 우리말 이름도 다른 야자나무 품종과 달리 노란색이 많기 때문에 붙었습니다.

아레카야자의 원 줄기

동네 화원에서도 흔히 볼 수 있는 아레카야자의 분화는 보통 30cm~1m 안팎의 아담한 사이즈입니다. 작은 크기의 분화는 저렴한 가격으로도 구입이 가능하지만 2m 높이의 큰 분화는 비교적 가격이 높습니다.

아레카야자는 아무리 잘 키워도 2m 이상의 성장은 어렵지만 온실 등 최적화된 환경에서는 3m 이상도 자라므로 식물원 온실에서 만나는 아레카야자는 대부분 높고 수려합니다. 사실 열대 국가의 노지에서 만나는 아레카야자는 최고 9m까지도 자라기 때문에 사계절이 뚜렷한 우리나라 기후에서 적응한다는 것 자체가 의아할 따름입니다.

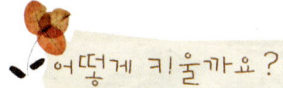

어떻게 키울까요?

햇빛이 잘 들어오는 반나절 양지에서 잘 자랍니다. 직사광선에서는 잎이 노랗게 타기 때문에 직사광선 아래에서 키울 때에는 50% 이상 차광해야 합니다. 권장 생육 온도는 섭씨 18~25도이지만 20~27도 정도의 따뜻한 온도를 권장하며, 월동 가능 온도는 10~13도입니다. 여름엔 3~5일 간격으로 흙이 완전히 메마른 뒤 물을 흠뻑 공급해야 하며, 겨울에는 7~10일 간격으로 물을 공급합니다. 때때로 잎에 분무기로 물을 뿌리는 것도 잎의 성장에 도움을 줍니다. 염분을 가지에 축적시키는 경향이 있어 죽어가는 가지가 발생하면 즉시 제거해야 다른 가지에 피해를 주지 않습니다. 번식은 종자, 포기나누기로 합니다. 종자 번식은 과육이 오렌지색으로 익었을 때 심는 것이 가장 번식률이 높고, 포기나누기는 5~6월경 실시합니다. 비료는 한 달에 한번 정도 공급합니다.

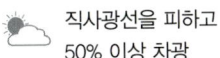

섭씨 18~25℃ 권장
겨울 10~13℃ 이상

직사광선을 피하고
50% 이상 차광

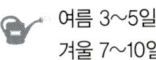

여름 3~5일
겨울 7~10일

아레카야자를 집안 거실에서 키울 때는 적당히 밝은 장소를 택해야 합니다. 사무실에서는 빛이 잘 들어오는 출입구 옆에 두면 관상 가치를 높여줍니다. 문 안쪽에는 통행에 방해가 되지 않도록 조금 작은 아레카야자를, 문 밖에는 비교적 큰 키의 아레카야자를 배치하면 중후한 사무실 분위기를 연출할 수 있습니다.

아레카야자는 미항공우주국-NASA이 추천하는 공기정화식물 50선 가운데 1위를 차지한 식물로 증산작용 만큼은 많은 식물 가운데 가장 우수하다는 평가를 받았습니다. 증산작용은 뿌리에서 흡수한 수분이 잎 뒷면을 통해 기체 상태로 빠져나가는 현상을 말하는데, 증산작용이 뛰어난 식물은 가습기처럼 공중습도를 조절하며, 대부분의 식물들은 증산작용을 할 때 인공지능의 원리로 동작합니다. 예를 들어 공중습도가 부족하면 증산작용이 활발해지면서 습도를 높여주고, 공중습도가 많으면 공기 중에 떠다니는 수분을 흡수해 습도를 낮춰줍니다.

 **미항공우주국-NASA 추천 공기정화식물이란?**

공기정화식물은 가정이나 사무실 등 공간을 아름답게 해주는 수단으로써 오랫동안 사람들의 관심과 인기를 끌어왔습니다. NASA는 우주 공간에서 완전히 밀폐된 우주선 안의 공기를 정화시킬 목적으로 여러 가지 방법을 찾던 중 특정 식물들의 탁월한 공기정화 능력을 발견하게 됩니다. 그리고 밀폐된 우주선에 식물들을 탑승시켜 15년간 분석한 결과 우주인들의 심리적 안정은 물론 생리적인 부분까지 영향을 끼친다는 것을 알게 되었고 인간의 실내 적응과 유해한 물질로부터 정화시켜주는 식물이 실내환경을 유지하는데 있어서 중요한 수단임을 실증하였습니다.

이러한 임상실험을 통한 연구 결과에 따르면, 인체에 해로운 오염 물질이 있는 밀폐된 공간에 12개 정도의 식물을 넣어두었더니 24시간 내에 80%의 포름알데히드, 벤젠, 일산화탄소 등의 실내 공기오염 물질들이 제거되었고, 이를 입증한 공기정화식물을 추려 50가지를 발표하였습니다.

암모니아 제거에 특히 효과 있는
호마로메나 발리시

분 류	천남성과 열대관엽식물
영어명	King of hearts
학 명	*Homalomena wallisii*
높 이	15~20cm

아시아 남부와 환태평양의 섬, 남미 열대지방에서 자생하는 호마로메나는 세계적으로 약 150여 유사종이 있습니다. 최근 알려진 이 품종은 몇몇 품종에서 지중해 식물인 아니스 향이 나는 것으로도 알려져 있습니다.

이 가운데 호마로메나 발리시는 하트 모양의 잎을 관상할 목적으로 키우는 관엽식물이며 남미 파나마, 베네수엘라, 콜롬비아가 원산지입니다.

호마로메나 발리시의 잎은 길이 15~20cm 내외이고 하트 모양이며 엷은 녹색 바탕에 노란색 반점이 있거나 반점이 없는 품종이 있으며 주요 품종으로는 *Homalomena wallisii "Mauro"* 등이 있습니다. 실내 공기중 암모니아 제거에 특히 효과가 있으며, 국내에는 아직 보급되지 않고 있지만 귀여운 무늬 때문에 앞으로 많이 보급될 것 같습니다.

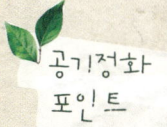

실내 공기중 크실렌, 톨루엔을 제거할 수 있고 특히 암모니아 제거에 효과가 있습니다. 사무실에서 키울 때는 현관, 가정에서 키울 때는 현관이나 주방에서 키웁니다. 현관으로 들어오는 신문 잉크 냄새에서 발생하는 유독성 성분인 크실렌과 톨루엔을 제거하고 신발장의 각종 땀 냄새를 제거할 수 있습니다.

반음지에서 잘 자라며, 밝은 음지라면 성장이 어느 정도 양호합니다. 권장 생육 온도는 16~29도이고 추위에 약합니다. 물빠짐이 좋은 토양에서 미지근한 물을 주며, 토양은 촉촉하게 유지합니다. 다습을 좋아하므로 때때로 분무기로 뿌려주고, 봄과 여름에는 묽은 액비를 2주에 한번 공급합니다. 너무 건조할 경우 응애가 발생합니다. 번식은 종자 또는 포기나누기로 합니다.

02
가죽처럼 두툼한 예쁜 녹색의 잎
인도고무나무
Chrysalidocarpus lutescens

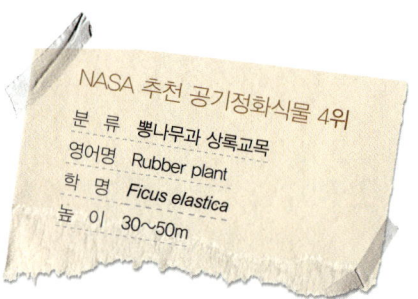

NASA 추천 공기정화식물 4위
분 류 뽕나무과 상록교목
영어명 Rubber plant
학 명 *Ficus elastica*
높 이 30~50m

🌿 공기정화 포인트

실내에 떠도는 공기 중 벤젠, 포름알데히드, 암모니아를 제거할 수 있습니다. 개업한 상점이나 페인트 칠을 한 사무실에도 적합합니다. 집안에서 키울 때는 밝은 거실에서 키우는 것이 좋습니다.

거실에 좋은
공기정화식물

인도의 아쌈-Assam주와 인도네시아 수마트라, 자바섬이 원산지인 인도고무나무는 최고 30~50m까지 자라는 정글의 나무입니다. 유명한 앙코르와트 사원 담장을 타고 오르는 굵은 뿌리들은 '반야'라고 불리는 뱅골보리수나무인데, 인도고무나무는 뱅골보리수나무의 한 종입니다.

가죽 질감처럼 느껴지는 녹색의 두툼한 잎은 긴 타원형으로 어긋나게 붙으며 어린잎은 턱잎으로 싸이고 붉은색입니다. 꽃은 6~7월에 잎겨드랑이에서 1~2개의 꽃차례가 달리는데 수꽃은 4개의 꽃받침 잎과 1개의 수술, 암꽃은 4~6개의 꽃받침 잎과 1개의 암술대로 이루어져 있습니다. 열매의 크기는 1cm 내외로 긴 타원형의 무화과 열매처럼 생겼습니다.

열대지방과 서리가 내리지 않는 지역, 지중해나 하와이 등지에서 노지 관상수로 키울 수 있으며, 열대지방처럼 기후조건이 좋다면 최고 50m까지도 성장합니다. 국내에서는 식물원 온실 등에서 키큰 인도고무나무를 흔히 볼 수 있는데 생장조건이 좋으면 3m 높이까지 성장하고, 가정에서 적당히 관리만 잘해도 2m 높이까지 자랍니다.

과거에는 하얀색의 수액이 고무의 주원료로 사용되었지만 새롭게 발견된 파라고무나무에 비해 경제성이 떨어져 지금은 주로 관상수와 실내식물로 보급되고 있습니다. 하얀색의 수액은 눈과 피부에 좋지 않으며 심한 경우 시력에 영향을 줄 수 있으므로 잔가지를 일부로 꺾거나 잎에 상처를 내지 않는 것이 좋습니다.

무늬인도고무나무

햇빛을 좋아하지만 높은 온도가 필요하지는 않습니다. 여름철에 직사광선은 피하고 통풍이 잘되는 반그늘이나 서늘한 장소로 옮겨주는 것이 좋습니다. 겨울에는 햇빛이 드는 창가로 옮긴 뒤 영상 10도 이상을 유지하면 적당합니다. 고온다습한 환경에서 잘 자라지만 가뭄에 견디는 힘도 강한 편입니다. 물은 겉흙이 마르면 공급하며 가끔씩 분무기로 뿌려주고 건조할 때는 젖은 수건으로 잎을 닦아주기도 합니다. 번식은 종자나 꺾꽂이 또는 취목으로 하는데, 꺾꽂이와 취목을 할 때는 고무수액에 접촉하지 않도록 합니다.

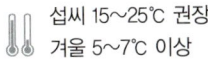

섭씨 15~25°C 권장
겨울 5~7°C 이상

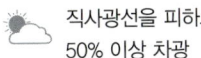

직사광선을 피하고
50% 이상 차광

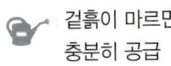

겉흙이 마르면
충분히 공급

03
오랫동안 피는 꽃
거베라 *Gerbera jamesoni*

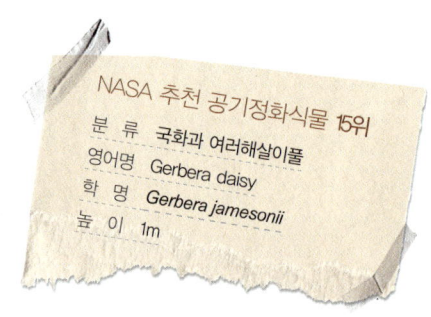

NASA 추천 공기정화식물 15위
분 류 국화과 여러해살이풀
영어명 Gerbera daisy
학 명 *Gerbera jamesonii*
높 이 1m

거베라는 Gerbera속 식물 중에서 '*Gerbera jamesonii*'라는 학명을 가진 품종을 말합니다. *Gerbera jamesonii*는 남아프리카 자생의 *Gerbera viridifolia*에서 파생된 원예종으로 흔히 '미니 거베라'라고도 합니다.

공기정화 식물 중에서는 강렬하고 선명한 빛깔로 유난히 꽃이 아름다운 식물이기도 합니다. 거베라는 노란색, 빨간색 외에 다양한 색상의 꽃이 나오고 있습니다. 그중 가정에서 키울 수 있는 것은 비교적 키가 작은 왜성종이며, 화원에서는 주로 절화용 거베라를 판매하고 있습니다.

공기정화 포인트

증산율이 높고 실내 공기 중 떠다니는 벤젠, 포름알데히드, 트리클로로에틸렌 등의 유해물질들을 제거합니다. 꽃이 오래가고 향이 좋으므로 아이들 공부방이나 주방 등에 적당하고 싱그러운 꽃은 꽃꽂이 소재로도 좋습니다.

거실에 좋은
공기정화식물

꽃은 땅에서 올라온 꽃대에 달랑 하나씩 붙고, 울룩불룩 주름이 있는 잎 또한 땅에서 바로 올라옵니다. 꽃의 지름은 5~10cm 내외, 왜성종은 작은 꽃대에 큼직한 꽃이 붙어있어 멀리서 보면 앙증맞게 보입니다. 노지에서 키울 경우에는 여름 내내 피고 실내에서 키울 경우에는 겨울에도 꽃을 볼 수 있습니다. 만일 온실에서 키운다면 4월부터 10월까지 꽃을 볼 수 있다고 하니 꽃의 개화시기가 무척 긴 편에 속합니다. 거베라의 꽃은 대형 화환이나 꽃꽂이용으로도 인기가 높으며, 꽃꽂이용일 때에는 꽃이 보통 2주 정도까지 피어있습니다. 잎줄기는 보통 20cm~40cm 내외로 땅에서 바로 올라오는데 줄기에는 앵초 잎처럼 울룩불룩한 잎이 붙어있습니다.

거베라라는 이름은 18세기경 독일의 식물학자였던 트라우고트 게르버-Traugott Gerber를 기리기 위해 지어진 것으로 현재는 국제화훼무역에서 빼놓을 수 없을 만큼 인기가 높은 식물입니다. 대부분 장식용이나 꽃꽂이용으로 이용되고 있으며, 꽃꽂

노란색의 거베라

이용은 장미, 카네이션, 국화, 튤립 다음으로 인기가 있고, 꽃에는 쿠마린-Coumarin 성분이 있어 벌, 나비가 좋아할 뿐 아니라 각종 향수의 재료가 됩니다.

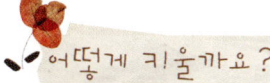
어떻게 키울까요?

햇빛 아래에서 잘 자라지만 여름철에서는 약간의 차광 시설이 필요하며, 배수가 잘되는 분화용 흙에서 잘 자랍니다. 포기나누기와 종자 번식이 가능한데 포기나누기는 여름이 좋고, 종자 번식은 20일 뒤에 싹이 납니다. 포기나누기를 할 때는 뿌리 상부의 크라운(관아)이라는 줄기 기부를 나누어 심어야 번식됩니다. 물은 약간 촉촉한 상태가 유지되도록 공급하는데 너무 과습하면 뿌리가 썩을 수 있습니다. 좋은 꽃을 보려면 비료를 한 달에 한 번씩 주고 꽃이 필 때는 더 많은 비료를 줍니다. 거베라의 권장 생육 온도는 약 7~20도입니다.

섭씨 10~20℃ 최적
겨울 5~7℃ 이상

직사광선을 피하고
약간 차광

흙을 약간
촉촉하게 유지

04
튼튼한 생명력을 지닌
쉐프렐라 홍콩야자
Schefflera actinophylla

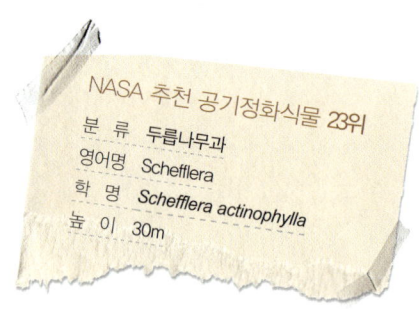

NASA 추천 공기정화식물 23위
- 분 류 두릅나무과
- 영어명 Schefflera
- 학 명 Schefflera actinophylla
- 높 이 30m

튼튼한 생명력을 자랑하는 쉐프렐라-홍콩야자는 열대와 아열대 지역인 대만, 중국남부, 호주 등이 원산지이며 세계적으로 약 150종이 분포합니다. 대체적으로 *Schefflera actinophylla*와 *Schefflera arboricola*가 알려져 있는데 우리가 흔히 보는 쉐프렐라는 *Schefflera arboricola*이거나 이를 개량한 원예종입니다.

공기정화 포인트

공기정화능력이 우수하며, 수형이 특별히 빼어나지는 않아도 저렴한 가격에 잔손이 많이 가지 않아 가정에서 인기 있는 품종 중 하나입니다. 생명력이 오래가는 것이 특징이며, 새집 등 거실에 잔존하는 벽지, 마감재에서 나오는 유독 물질 흡수에 효과적입니다.

거실에 좋은
공기정화식물

*Schefflera actinophylla*는 호주의 퀸즈랜드, 뉴기니, 자바섬이 원산지로 자생지에서는 보통 15~30m 높이로 성장하며 영미권에서는 잎이 우산처럼 퍼진다 하여 Umbrella Tree라고 합니다.

자생지에서는 다른 나무에 착생 성장하는 성질이 있으며 잎 모양은 손가락 모양으로 달립니다. 꽃은 총상꽃차례로 붉은색의 작은 꽃이 다닥다닥 달립니다.

꽃에는 꿀샘이 있으므로 새들이 좋아하고 열매는 새, 캥거루, 곤충들이 즐겨 따먹습니다. 하지만 전초에 옥살యం-Oxalates이라는 독성 성분이 있으므로 잎이나 꽃, 열매를 사람이 먹을 수는 없습니다.

*Schefflera actinophylla*의 잎은 마찬가지로 손가락 모양으로, 잎줄기가 조금 더 짧고 작은 잎은 타원형에 가깝습니다. 영미권에서는 Hawaiian Schefflera 등으로 불리는데 자생지는 인도, 호주, 말레이시아, 대만, 중국, 필리핀, 하와이 등에 걸쳐 있습니다.

두 식물 모두 자생지에서는 15~30m 크기로 성장하지만 국내 실내 환경에서는 1~3m 안팎으로 성장합니다. 화원에서 판매하는 홍콩야자는 소형 분화부터 다양한 크기가 있으므로 적당한 크기를 구입할 수 있습니다. 쉘프렐라의 원래 속명인 Brassaia라는 명칭은 19세기 헝가리의 식물학자 Samuel von Brassai의 이름에서 유래되었습니다.

안면도수목원 온실의 대엽홍콩야자

반양지 또는 조금 밝은 음지에서도 잘 자랍니다. 권장 생육 온도는 18~32도이고 월동 가능 온도는 2도 내외입니다. 여름철 고온에서는 통풍이 잘되는 서늘한 장소로 옮기는 것이 좋고 수분은 보통으로 공급하는데 냉수보다는 미지근한 물을 사용합니다. 염류에 견디는 힘이 강하므로 바닷가 펜션에서도 키울 수 있습니다. 번식은 줄기를 꺾어 삽목하거나 종자로 합니다.

- 섭씨 18~25℃ 최적
  겨울 10~13℃ 이상
- 직사광선을 피하고 50% 이상 차광
- 여름 3~5일
  겨울 7~10일

05 키우는 재미가 쏠쏠한
커피나무 *Coffea arabica*

분류 꼭두서니과 상록소관목
영어명 Coffee Tree
학명 *Coffea arabica*
높이 5~10m

커피나무는 크게 아라비카-Coffea arabica, 로부스타-Coffea canephora, 리베리카-Coffea liberica 품종이 있습니다. 국내 화원에서 유통되는 커피나무는 최고 품질의 커피를 생산하는 아라비카 품종인데, 이 품종은 아랍의 예멘이 원산지입니다. 원래 아라비카 커피나무는 에티오피아가 원산지라고 알려져 있지만 현재는 예멘을 원산지로 보고 있습니다.

예멘 원산지인 아라비카, 콩고 원산지인 로부스타, 리베리아 원산지인 리베리카는 커피의 3대 품종이기도 하며, 이것들이 퍼져나가 지구상에는 약 90여종의 커피나무가 있습니다.

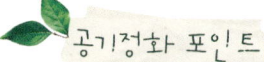
공기정화 포인트

커피나무는 카페나 레스토랑에 잘 어울리지만 손이 많이 가는 식물이므로 가정에서 키우는 것이 좋습니다. 집에서 키울 때는 2년째 되는 해에 새잎이 돋으면 일단 생육에 성공한 것으로 봐도 무방합니다. 최적의 장소는 베란다이며, 빛이 많이 들어오고 통풍이 잘되는 공간에서 잘 자랍니다. 또한 모종으로 키우면 쑥쑥 커나가는 모습에 키우는 재미를 느끼게 합니다. 커피나무는 최고 60년을 사는 장수목 중 하나이므로 두고두고 키울 수 있습니다.

아라비카 커피나무의 잎

최고급 품종인 아라비카 커피는 인도네시아 자바, 브라질, 콜롬비아에서 대규모로 재배되어 각종 원두커피로 소비되고 있고, 로부스타 커피는 인도, 베트남, 인도네시아에서 재배되어 흔히 마시는 인스턴트 커피의 재료가 됩니다. 그리고 리베리카 커피나무는 리베리아에서만 재배되고 소비되고 있습니다.

커피나무는 공통적으로 키에 비해 가느다란 원줄기가 땅에서 올라온 뒤 잔가지가 많이 벌어지고, 잔가지에는 큰 잎이 달리면서 밑으로 처집니다. 아라비카 커피는 5~6m, 로부스타 커피나무는 5m, 리베리카 커피나무는 10m 내외로 성장합니다.

마주나는 잎은 긴 타원형이거나 직사각형에 가까운 타원형입니다. 가장자리에 톱니가 없으며, 잎 표면은 짙은 녹색의 광택이 있고 잎 길이는 6~12cm 내외입니다.

꽃은 흰색에 암수한몸으로 자스민과 비슷한 향기가 나며, 잎겨드랑이에서 지름 1~1.5cm 내외의 꽃이 3~7개씩 모여달립니다. 또한 통 모양에 꽃부리가 5개로 깊게 갈라지고 수술은 5개, 암술은 1개입니다.

열매는 핵과의 긴 타원형이고 길이는 1.5~1.8cm, 지름은 1~1.5cm 내외입니다. 처음에는 녹색이었다가 붉은색으로 익는데, 때때로 노란색이나 자주색으로 익기도 하고, 열매 안에는 씨앗이 1~2개씩 들어있습니다.

짙은 회색의 씨앗은 콩을 반으로 자른 모양이고, 편평한 면에 홈이 있는 것이 커피 빈-Bean 입니다. 커피 빈을 잘 볶은 뒤 가루로 내어 원두커피로 마실 수 있습니다.

역사적으로 볼 때 커피나무는 약 1천년 전부터 재배되어 온 것으로 추정합니다. 에티오피아 전설에 의하면 약 1천 400년 전, 카파-Kaffa 지방의 어린 목동이 염소를 치다가 어떤 염소가 다른 염소와 달리 힘차게 뛰어노는 것을 발견하곤 이를 궁금해하던 목동은 그 염소가 먹던 식물을 따서 자신도 먹어보니 기운이 솟았다고 합니다. 이러한 전설에 근거하는지는 확실치 않지만 지금도 에티오피아 마을 중에는 커피 잎을 찻잎처럼 우려 마시는 풍습이 내려오고 있답니다.

커피 씨앗을 볶아서 지금의 원두커피처럼 마시기 시작한 사람은 아랍의 학자들입니다. 이들은 연구 시간을 늘리기 위해 종종 원두커피처럼 마셨다고 합니다.

이후 아랍인들은 커피 빈을 볶거나 끓여먹는 방법을 터득했고, 이것이 터키와 이집트로 퍼지면서 바야흐로 커피의 역사가 시작되었습니다.

1 성숙한 커피나무 열매
2 미성숙 커피나무 열매

햇빛을 좋아해서 남향이 적합합니다. 권장 생육 온도는 20~28도이며 월동 가능 온도는 12도입니다. 온도가 20도 초반을 왔다 갔다 하면 일단 좋은 생육 조건이 되며, 여름철 직사광선은 차광하는 것이 좋습니다. 수분은 흙이 거의 말랐을 때 충분히 공급하되 과습하지 않도록 주의합니다. 3~10월 사이에는 2주에 한번 비료를 공급하며, 이럴 경우 열매를 많이 수확할 수 있습니다. 번식은 종자로 합니다.

 섭씨 20~28℃ 최적
겨울 12℃ 이상

 직사광선은 차광

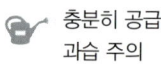 충분히 공급
과습 주의

Lampranthus spectabilis

솔잎 닮은 이파리, 국화 닮은 꽃
사철채송화 송엽국

분　류　석류풀과 상록여러해살이풀
영어명　Trailing Ice Plant
학　명　*Lampranthus spectabilis*
높　이　20cm

　　　　남아프리카공화국이 원산지인 사철채송화는 잎이 소나무 잎과 닮아 '송엽국'이라고 불리며 속명 '람프란서스'라고도 불립니다. 높이 20cm 내외로 자라며 잎은 두꺼운 다육질로 줄기에서 마주납니다.

4~6월에 피는 꽃은 지름 5cm 내외, 색상은 붉은빛, 자주색, 흰색 등이 있습니다. 이 꽃은 낮에 활짝 피었다가 저녁에는 오므라드는 속성이 있습니다.

가정에서 키울 때는 햇빛을 좋아하므로 베란다에서 키우는 것이 좋지만 다육성의 식물이므로 침실에서 키우면 밤에 산소를 방출하여 침실 공기를 맑게 하는 효과가 있습니다. 추위에는 비교적 강해 영하 7도에서도 일시적으로 견딜 수 있지만 보통 영상 15도 이상을 유지하는 것이 좋습니다. 수분은 흙이 완전히 말랐을 때 공급하는데 보통 8~10일 간격으로 1~2컵을 공급합니다. 번식은 꺾꽂이나 종자로 합니다.

06
유해 화학물질 예방
드라세나 와네키
Dracaena deremensis Warneckei

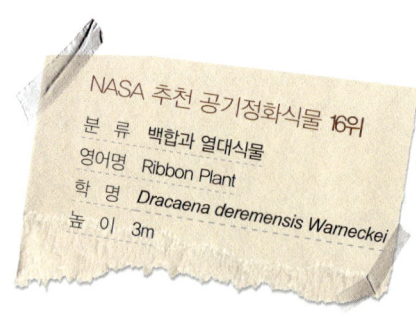

NASA 추천 공기정화식물 16위
분 류 백합과 열대식물
영어명 Ribbon Plant
학 명 Dracaena deremensis Warneckei
높 이 3m

열대 아프리카 원산의 드라세나 와네키는 생육 속도가 느린 편이지만 누구나 쉽게 키울 수 있는 공기정화식물입니다. 낮은 광도, 건조한 환경에서도 견디는 힘이 강하므로 일부로 창가로 옮기거나 물 공급에 신경 쓸 필요는 없습니다. 가정에서 키우는 와네키는 보통 1m 안팎으로 자라지만 환경이 좋은 곳에서는 3m까지도 성장합니다.

잎의 길이는 70cm 내외이고 잎 표면에는 흰색 혹은 회색 줄무늬가 나있습니다. 줄무늬는 고르지는 않지만 얼룩말 무늬처럼 특유의 매력을 뽐냅니다.

공기정화 포인트

실내 공기중 포름알데히드, 벤젠, 톨루엔, 크실렌, 트리클로로에틸렌 제거에 효과가 있습니다. 그래서 새집증후군을 예방할 목적으로도 좋습니다. 그 외 시너, 레커, 접착제, 화공약품을 많이 사용하는 공장이나 이들 제품을 취급하는 점포에서도 곁에 두면 그 효과를 볼 수 있습니다.

아주 드물기는 한데 때때로 분홍색 꽃을 피우곤 하지만 꽃을 만나기는 매우 어렵습니다. 수분은 건조한 환경에서 견디는 힘이 강하므로 보통으로 공급하거나 보통보다 조금 적게 공급하는 것이 좋습니다.

과습할 경우에는 잎 끝이 갈색으로 변하기도 하고, 물이 너무 부족하면 병약한 잎이 나오기도 하므로 상황에 맞춰 물을 공급해야 합니다. 잎 끝이 갈색으로 변색되면 즉시 가위로 잎 모양을 다듬어주는 것이 좋습니다. 만일 병약한 잎이 나타나면 줄기 밑동에서 잘라주는 것이 좋은데, 잘라진 줄기 하부에서 새잎이 돋아납니다.

원래 드라세나 와네키는 반음지성 식물이지만 사무실이나 쇼핑몰의 일반적인 조명하에서도 성장이 양호합니다. 가정에서는 창문이나 출입문에서 떨어진 외풍 없는 장소에서 키우는 것이 좋고, 관리를 잘하면 4~5년을 함께 할 수 있는 식물입니다.

드라세나라는 속명이 붙은 공기정화식물들은 식물체에 애완동물에게 위해를 주는 성분이 함유되어 있습니다. 때때로 개나 고양이에게 식욕부진, 우울증, 구토, 침을 흘리는 증세를 일으킬 수 있으므로 그러한 증상을 보일 경우에는 배치를 다시 해야 합니다.

1 드라세나 와네키 잎
2 늘씬하게 쑥쑥 자라는 드라세나 와네키

어떻게 키울까요?

공기정화식물을 처음 키우는 사람들도 손쉽게 키울 수 있는 식물로 요즘에는 동네 화원에서도 쉽게 구입할 수 있습니다. 수분은 보통으로 공급하고, 약간 건조한 환경에서도 스프레이로 물을 뿌려주면 잘 자랍니다. 권장 온도는 16~24℃ 사이이며 겨울 월동에 필요한 온도는 영상 10도 이상입니다. 번식은 줄기를 꺾어 삽목합니다.

 섭씨 16~24℃ 최적
겨울 10℃ 이상

 반음지

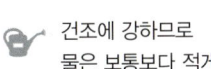 건조에 강하므로
물은 보통보다 적게

07 몸에 좋은 자생 공기정화식물
비쭈기나무 *Cleyera japonica Thunb*

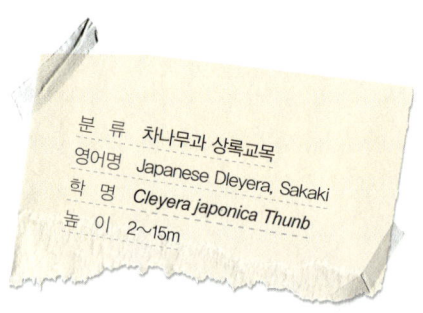

분 류 차나무과 상록교목
영어명 Japanese Dleyera, Sakaki
학 명 *Cleyera japonica Thunb*
높 이 2~15m

우리나라 제주도와 남쪽 섬지방, 중국, 대만, 일본, 인도네시아, 미얀마, 네팔, 인도 등에서 자생하는 비쭈기나무는 목각으로 만든 듯한 흰색 꽃이 피는 상록교목입니다. 잎은 어긋나며 혁질의 광택이 있고 긴 타원형으로 길이 6~12cm입니다. 잎 양면에는 털이 없고 앞면은 진한 녹색, 뒷면은 황록색에, 잎 가운데에는 밭고랑 같은 맥이 나 있습니다.

공기정화 포인트

공기중 유해 물질인 포름알데히드 제거율이 산세베리아보다 강하고 상쾌감과 피로회복을 촉진시켜 주는 음이온 발생률이 높은 것으로 알려져 있습니다. 추위에 약해 남부지방에서는 노지 정원수로 기를 수 있지만 중부 이북에서는 실내나 온실에서 키워야 합니다. 노지에서는 주로 경계면에 심는 나무로 유명합니다. 집에서 키울 경우 베란다나 햇빛이 많이 들어오는 거실에서 키울 수 있고 독성이 없으므로 유치원이나 학교에서도 키울 수 있습니다. 국내에서는 아직 실내식물로 보급되지 않았지만 서양에서는 관엽식물로 인기가 있고 잎에 변화를 준 원예종이 많습니다.

비쭈기나무 수형

거실에 좋은
공기정화식물

5~6월에 피는 꽃은 흰빛의 크림색이고 연한 향기가 납니다. 꽃 크기는 지름 1.2~1.5cm 내외로, 잎겨드랑이 부근에 1~5개씩 달립니다.

꽃받침 잎은 열매가 익은 뒤에도 남아있고 꽃잎은 5개, 수술은 다수, 암술대는 1개이며, 끝이 2~3개로 갈라지는데 꽃잎이 목각으로 만든 듯 조금 딱딱해서 귀엽습니다.

열매는 10월에 난형으로 익고 처음에는 빨간색이었다가 점차 검정색으로 익으며, 열매 안에 종자가 다수 들어있습니다.

비쭈기나무의 수피

비쭈기나무의 이름은 겨울눈이 삐쭉히 길게 튀어나왔다 해서 붙은 이름입니다. 비쭈기나무는 영어로 Sakaki라고 하는데 이는 일본의 '榊'을 영어로 표기한 것입니다. 일본에서는 비쭈기나무를 이라고 부르는데 이는 木자와 神자가 합쳐진 한자로, 신사-神社에 심는 나무라는 뜻입니다.

실제 일본에서는 몇몇 신사에서 비쭈기나무를 정원수로 심거나 비쭈기나무 줄기를 신전에 바치고 점을 칠 때 사용합니다. 또한 비쭈기나무의 목재를 각종 기구나 건물용 목재, 연료로 사용한다고 합니다.

비쭈기나무 꽃

어떻게 키울까요?

반음수로도 성장이 양호하지만 햇빛이 들어오는 곳에서 키우는 것이 더 좋습니다. 권장 생육 온도는 10~25도이며 월동 가능 온도는 5도입니다. 추위에 약하고 다습한 환경을 좋아합니다. 물빠짐이 좋은 비옥한 토양에서 수분을 충분히 공급해 보습성이 유지되도록 해야 하며 비료는 자주 공급합니다. 번식은 종자 번식과 꺾꽂이 번식이 가능한데 종자 번식이 잘되는 편입니다.

 섭씨 15~25℃ 최적
겨울 5℃ 이상

 반음지

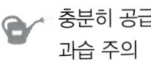 충분히 공급
과습 주의

침실에 좋은
공기정화식물

침실은 심신의 피로를 풀고 잠을 자는 중요한 공간입니다.
그래서 증산작용을 통해 밤공기를 맑게 해주는
산세베리아, 게발선인장 등의 다육식물이나 아름다운 침실의 분위기 연출하는
덴드로븀, 익소라, 호야 등을 소개합니다.

실내 밤공기와 품위를 지켜주는 산세베리아

품위 있는 분위기를 연출하는 덴드로븀

꽃을 피워야 비로소 인정받는 게발선인장

별사탕처럼 앙증맞은 꽃 호야

잎과 꽃색이 강렬한 포인트 식물 익소라

실내 습도를 측정하는 지표식물 아디안텀

08
실내 밤공기와 품위를 지켜주는
산세베리아
Sanseveria trifasciata

NASA 추천 공기정화식물 27위
분 류 백합과 여러해살이풀
영어명 Snake Plant
학 명 Sansevieria trifasciata
높 이 1m

산세베리아는 나이지리아, 콩고 등의 서아프리카와 인도가 원산지인 다육성 식물입니다. 한자로는 천년란, 영어로는 'Snake Plant' 혹은 'Mother-in-law's Tongue'라고도 불립니다. Mother-in-law's란 '장모, 시어머니, 의붓어머니'를 뜻하므로 의역하면 '시어머니의 잔소리'란 뜻입니다.

산세베리아는 짧고 두꺼운 뿌리에서 잎이 무리지어 올라옵니다. 칼 모양의 잎은 표면에 뱀 가죽처럼 무늬가 있습니다. 잎은 섬유성분이 있어 원산지에서는 로프나 섬유원료로 사용합니다.

보통 식물들은 낮에는 이산화탄소를 흡수하고 광합성을 하여 산소를 내뿜고 밤에는 산소를 흡수한 후 이산화탄소를 내뿜지만 산세베리아 같은 다육질 식물은 밤에 이산화탄소를 흡수하고 산소를 내뿜습니다.

공기정화 포인트

포름알데히드 제거는 물론 음이온 발생량이 높아 실내 공기정화에 효과적입니다. 여름에는 문 밖에, 그 외 계절에는 밝은 실내에서 키웁니다. 전초에 독성이 있으므로 섭취하면 알레르기를 유발합니다. 가정에서는 침실이나 거실, 회사에서는 응접실 등에 놓으면 품격 있는 분위기를 연출하고 맑은 공기로 순환시킬 수 있습니다.

따라서 실내 밤공기를 정화시켜주는 역할을 수행합니다.

또한 다양한 환경에서도 강인한 생명력을 자랑하기 때문에 지속적으로 관리하면 오랫동안 키울 수 있는 장점도 있습니다. 반면 꽃을 보는 것이 매우 어려워 정성스럽게 잘 키워야 볼 수 있습니다. 꽃은 향기가 매우 좋고, 꽃이 피면 행운이 온다고 전해집니다.

산세베리아 분화

 다육식물(多肉植物)이란?

건조한 사막이나 높은 산의 바위 등에서 자라는 식물로 자연적인 수분이 매우 적은 건조한 날씨에도 살아남을 수 있게끔 잎이나 줄기에 수분을 많이 저장해두고 두터운 육질을 가지고 있는 식물을 말합니다. 선인장류나 산세베리아, 사철채송화, 칼랑코에, 알로에 등이 대표적인 다육식물입니다.

 **어떻게 키울까요?**

햇빛을 좋아하지만 반그늘, 실내에서도 성장합니다. 건조함에 강하므로 물 공급이 불규칙해도 잘 자랍니다. 겨울철 월동 가능 온도는 6~10도 이상이며, 이때는 1~2개월에 한 번씩 물을 공급해도 됩니다. 번식은 포기나누기 또는 꺾꽂이로 합니다.

- 섭씨 16~24℃ 권장
  겨울 6~10℃ 이상
- 직사광선은 차광
- 여름 20~30일
  겨울 월 1회

09
품위 있는 분위기를 연출하는
덴드로븀 *Dendrobium sp.*

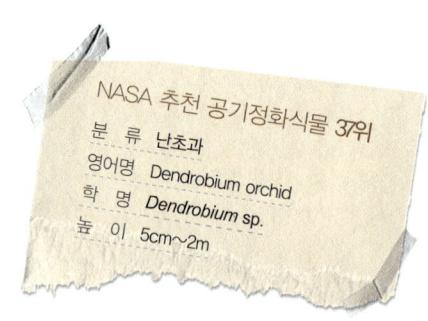

NASA 추천 공기정화식물 37위
- 분 류 난초과
- 영어명 Dendrobium orchid
- 학 명 *Dendrobium sp.*
- 높 이 5cm~2m

덴드로븀 석곡 품종

덴드로븀은 서양란의 하나로 약 2천여가지 품종이 있지만 유통업자가 수입을 하면서 제각기 동양적인 이름을 붙이므로 이름만 들으면 동양란으로 착각하기도 합니다. 꽃의 생김새는 심비디움과 비슷하므로 덴드로븀에 관심을 두다가보면 심비디움도 알게 되고 결국 호접란까지 욕심을 내기 십상입니다.

서양란의 정확한 의미는 서양에서 발견된 난을 말하는 것이 아니라 서양에서 인공 육성된 원예종 난을 의미합니다. 난의 원산지는 남미와 아시아가 많은데 원예상들에게 일찌감치 눈에 띄어 서양에서 더 크고 더 화려하게 육성된 것들이 서양란인 것입니다.

공기정화 포인트

포름알데히드를 제거하고 전자파 차단에 효과가 있습니다. 가정에서 화상을 입었을 때 수액을 바르면 빨리 치유됩니다. 공간을 많이 차지하는 만큼 베란다나 햇빛이 잘 들어오는 거실 한쪽에서 키우고, 작은 크기의 알로에 베라는 공부방의 햇빛이 잘 들어오는 창가에서 키우데 컴퓨터를 사용할 때는 전자파 차단용으로 키웁니다.

침실에 좋은
공기정화식물

동양란은 한, 중, 일에 분포되어 있는데 인공교배보다는 자연교배된 난들이 많고 꽃의 크기도 서양란에 비해 작은 경우가 많습니다. 난은 전세계적으로 약 25,000여 품종이 있으므로 난을 공부하려면 한, 두 권의 책으로도 모자랍니다.

서양란 애호가들은 흔히 덴드로븀, 신비디움, 호접란을 3대 서양란이라고 말합니다. 특히 덴드로븀은 신비디움과 꽃의 생김새가 많이 비슷하므로 이 경우엔 잎의 생김새로 구분합니다. 예를 들어 덴드로븀은 잎 모양이 둥근 주걱형이고, 신비디움은 잎 모양이 줄 모양인 경우가 많습니다. 이것은 아주 정확한 구별법은 아니지만 둘 사이를 구분할 수 있는 가장 빠른 방법 중 하나일 것입니다.

덴드로븀은 서아시아의 필리핀, 보르네오, 오스트레일리아, 뉴기니, 솔로몬제도와 중국 등에서 발견된 난을 기원으로 하며, 고도에 따라서는 히말라야산맥에서 호주 사막까지 폭넓게 분포하고 있습니다. 속명은 그리스어인 Dendron-Tree과 Bios-Life의 합성어로 나무에 착생하는 식물을 의미합니다. 실제 덴드로븀에 속하는 난들은 대부분 나무나 바위에서 착생하는 착생란 성질을 가지고 있습니다.

덴드로븀의 크기는 품종에 따라 다르지만 5~10cm 크기부터 2m 크기까지 다양합니다. 줄기에는 두툼한 마디가 있고 잎은 주걱형입니다. 꽃은 품종에 따라 2~6월 사이에 잎겨드랑이에서 무리지어 달립니다. 꽃의 크기는 품종에 따라 크거나 작고, 꽃의 생김새도 품종에 따라 조금씩 다릅니다. 꽃은 1송이가 달리는 품종과 100송이 이상 달리는 품종이 있는데 보통 20송이 정도 달리는 품종들이 많습니다.

1 신비디움의 꽃
2 덴드로븀 덴팔레 품종

국내에서 볼 수 있는 품종으로는 덴팔레라고 불리는 덴드로븀 팔레놉시스-*Dendrobium phalaenopsis*, 작은 꽃이 자잘하게 피는 덴드로븀 세쿤둠-*Dendrobium secundum* 등이 있습니다.

국내 자생난중에도 덴드로븀에 속하는 난이 있는데 바로 '석곡-*Dendrobium moniliforme*'이라는 품종입니다. 석곡은 우리나라의 제주, 전남, 경북과 중국, 일본 등에서 자생하는 난을 말하며, 서양란이 아닌 동양란으로 분류합니다. 덴드로븀은 대부분 키우기가 어려운 편이고 몇몇 종은 구입할 때 많은 비용을 지불해야 합니다. 그러나 한번 맛을 들이면 여름 한철 쑥쑥 자라는 덴드로븀의 아름다움에 빠져나오기가 쉽지 않을 것입니다.

1 덴드로븀 긴기아남 품종
2 잎이 줄 모양인 신비디움 품종

통풍이 잘되는 실내에서 키우되 아침에는 햇빛을 받도록 하고 오전부터 오후까지는 밝은 그늘이 좋습니다. 월동 가능한 온도는 품종에 따라 다른데 보통 10도 이상이 안정적입니다. 수분은 화분의 이끼가 마르면 공급합니다. 대부분의 품종이 종자로 번식할 수 있고 몇몇 품종은 꺾꽂이나 포기나누기로 번식합니다.

섭씨 16~25℃ 최적
겨울 10℃ 이상

밝은 그늘

3~4일에 1회

우리나라 바람꽃을 닮은 고독의 꽃
아네모네

Anemone coronaria

분 류	미나리아재비과 여러해살이풀
영어명	Anemone
학 명	*Anemone coronaria*
높 이	20~40cm

아네모네는 세계적으로 약 120종이 있습니다. 그중 실내식물로 인기 있는 품종은 *Anemone coronaria* 품종이며 지중해가 그 원산지입니다. 아네모네는 그리스 신화에 등장하는 꽃의 여신 플로라의 전설로 유명합니다. 플로라의 시녀였던 아네모네는 무척이나 아름다워 플로라의 남편이자 '바람의 신' 제프로스와 사랑에 빠지게 됩니다. 이를 질투하게 된 꽃의 여신 플로라는 아네모네를 꽃으로 만들었답니다. 이에 슬픔에 빠진 제프로스가 봄이 되면 살랑거리는 바람을 불어 아네모네가 화려히 꽃 피울 수 있도록 도왔다고 합니다. 그래서 아네모네는 '바람꽃'이라는 별칭이 붙었고, 꽃말은 제프로스의 슬픔을 담아 '고독'을 의미합니다. 공교롭게도 아네모네는 우리나라의 바람꽃과도 많이 닮았습니다.

아네모네의 뿌리는 알뿌리 형태이고 7~8개의 꽃대가 올라온 뒤 꽃이 하나씩 달립니다. 잎은 깃꼴겹잎에 가장자리에 톱니가 있습니다. 꽃은 지름 3~8cm로 붉은색, 자주색, 노란색, 흰색 등이 있고, 꽃잎은 5~9개이지만 겹꽃 품종도 있습니다. 원래 *Anemone coronaria* 품종의 개화시기는 1~3월이지만 다른 품종의 경우 4~9월 사이에 꽃을 볼 수 있습니다.

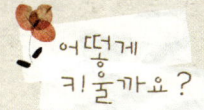

가정에서 아네모네를 키우려면 비교적 통풍이 잘되는 반그늘이 최적입니다. 권장 생육 온도는 17~20도이고 월동 가능 온도는 7도 내외입니다. 햇빛에 약하므로 여름철 직사광선은 차광하거나 서늘한 장소로 옮겨주는 것이 좋습니다.
수분은 흙이 마르기 전 공급하되 과습하지 않도록 주의합니다. 번식은 9~10월경 알뿌리를 심어 번식합니다.

10
꽃을 피워야 비로소 인정받는
게발선인장 *Schlumbergera bridgesii*

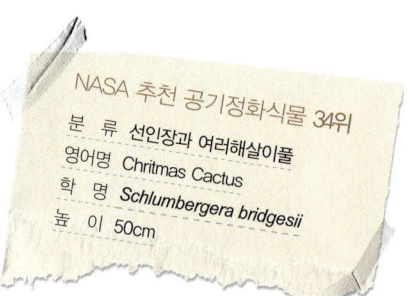

NASA 추천 공기정화식물 34위
분 류 선인장과 여러해살이풀
영어명 Chritmas Cactus
학 명 *Schlumbergera bridgesii*
높 이 50cm

경절이 날카롭게 각이 나 있는 가재발선인장

🌿 공기정화 포인트

일반 식물과 달리 밤에 산소를 배출하고 이산화탄소를 흡수하므로 가정에서 키울 때는 침실이나 아이들 방에 키우면 가장 좋습니다. 포름알데히드 제거 능력도 뛰어나고 특히 겨울철 창문을 자주 닫아놓고 살면 신선한 공기가 순환되지 않아 실내에 산소가 부족하게 되는데 이럴 때 다육식물인 게발선인장 등이 진가를 발휘합니다. 겨울철에 피는 화려한 꽃은 관상용으로도 좋습니다.

게발선인장은 줄기가 게의 발처럼 마디가 있다 하여 붙은 이름입니다. 납작한 마디, 볼품없이 늘어지는 두툼한 가지, 게발선인장은 1년 중 11개월 동안 사람들의 눈 밖에 나다가 찬바람이 부는 12월에 아름다운 꽃을 활짝 피우면서 "저 이런 꽃 피우는 식물이거든요?" 라고 외치듯 화려한 자태를 뽐내곤 합니다.

꽃의 색상은 품종에 따라 다르며, 빨간색, 핑크색, 마젠타, 노란색, 라벤다, 흰색 품종이 있고 대부분 노란색 꽃밥을 가지고 있습니다.

날씨가 화창한 겨울 날, 먼지가 잔뜩 쌓인 이불들을 모처럼 마당에서 털털 털어낼 때, 게발선인장의 꽃을 겨울 햇빛 아래서 관찰하면, 이 꽃은 마술을 부리기 시작합니다. 화사한 핑크색의 연한 꽃잎과 오렌지 살색보다 진한 노란색 꽃밥이 화려하게 사람들의 눈을 유혹하는 것입니다. 게발선인장의 줄기는 두툼한 다육질의 마디로 구성되어 있으며, 각각의 마디를 경절이라고 말합니다. 경절은 납작한 마디형이고 테두리에 뾰족한 거치가 있습니다.

꽃은 마지막 경절 끝에서 1~3송이씩 피는데 보통 크리스마스 전후에 핀다 하여 '크리스마스 선인장'이라고 부릅니다. 또한 부활절 기간에 꽃이 피는 종은 '부활절 선인장'이라고 부르는데 둘 다 실제로는 늦가을이나 늦봄에 꽃을 피웁니다.

정확하게 말하면, 게발선인장이란 경절 테두리가 둥글고 꽃잎이 뒤로 접히지 않는 선인장–Hatiora rosea 종류를 말합니다. 경절 테두리가 뾰족하고 꽃잎이 뒤로 접히는 품종은 가재발선인장이라고 부릅니다. 가재발선인장으로 불리는 선인장은 크게 두 가지가 있는데 부활절에 꽃을 피우는 가재발선인장의 학명은 'Schlumbergera truncata'이고 크리스마스에 꽃을 피우는 가재발선인장의 학명은 'Schlumbergera bridgesii'입니다.

하지만 서로 교배를 많이 하여 지금은 각 종의 특징이 서로 혼재되고 있고, 이 때문에 가재발선인장과 게발선인장을 구분하는 것이 무의미해진 상태가 되어 현재는 이들 전부를 게발선인장이라고 부릅니다.

나사-NASA에서 추천한 공기정화식물은 게발선인장 중에서 *Schlumbergera truncata* 품종과 *Schlumbergera bridgesii* 품종입니다. 즉, 예로부터 가재발선인장이라고 불렸던 품종들입니다. 이중 *Schlumbergera truncata* 품종은 브라질 리오데자네이로의 해발 1000~1700m 고도의 모래땅이 원산지입니다.

1 게발선인장류는 꽃잎이 뒤로 접히지 않고 경절 테두리가 둥글고 부드러운 경우가 많다.
2 가재발선인장류는 꽃잎이 뒤로 접히고 경절 테두리가 뾰족한 경우가 많다.

전형적인 양지식물이지만 실내에서는 간접광선이 떨어지는 곳에서, 실외에서는 반그늘에서 키우는 것이 좋으며 때때로 직사광선을 받도록 해야 합니다. 성장 가능한 온도는 10~25도 사이입니다. 수분은 여름철 3~5일에 한번, 봄 가을철 15일에 한번, 겨울철 한 달에 한번 공급하는데, 흙이 완전히 건조했을 때 물을 주며 이때는 흠뻑 줍니다. 수분이 과다할 경우에는 꽃눈이나 꽃이 잘 떨어지는 현상이 발생합니다. 번식은 줄기를 꺾어 축축한 모래에 심으면 됩니다.

 섭씨 10~24°C 최적
겨울 5°C 이상

 양지식물이지만
직사광선은 차광

 1개월에 1회

산소를 뿜어내는 도톰한 관엽식물
페페로미아

분 류 후추과 상록여러해살이풀
영어명 Radiator Plant
학 명 *Peperomia sandersii*
높 이 30cm

열대 브라질이 원산지인 페페로미아는 세계적으로 약 1천여 종의 유사종이 있습니다.

잎은 어긋나거나 돌려나고 잎과 줄기는 두툼한 육질을 가지고 있습니다. 잎의 표면은 품종에 따라 무늬가 있거나 무늬가 없고 잎의 크기도 품종에 따라 천차만별입니다. 키는 품종에 따라 다르지만 대개 30cm 이하로 자랍니다. 꽃은 수상꽃차례로 달리고 색상은 품종에 따라 노란색에서 갈색까지 변화가 심합니다.

대부분의 페페로미아는 반그늘 또는 음지에서 잘 자랍니다. 권장 생육 온도는 20~30℃ 내외이고 월동 가능 온도는 9도 내외입니다. 물은 4일에 한번 공급합니다. 다육속성이 있으므로 밤에 이산화탄소를 흡수하고 산소를 방출합니다. 가정의 침실이나 어린이 방에서 키우는 것이 가장 좋고, 잎이 더 작은 품종은 테라리움으로 키웁니다. 번식은 종자 또는 꺾꽂이로 합니다.

11 별사탕처럼 앙증맞은 꽃
호야 *Hoya carnosa*

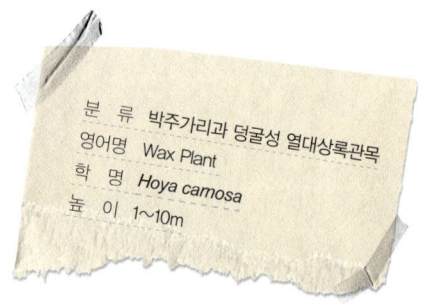

분 류 박주가리과 덩굴성 열대상록관목
영어명 Wax Plant
학 명 *Hoya carnosa*
높 이 1~10m

호야(Hoya carnosa) 꽃

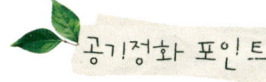 공기정화 포인트

실내 공기중 포름알데히드를 제거할 수 있지만 다른 공기정화식물에 비해 제거율은 조금 낮은 것으로 알려져 있습니다. 잎이 귀엽고 품종이 다양하며, 키우기 쉽기 때문에 어디에서 키워도 잘 어울리는 편이고, 약간의 다육성이 있어 침실에서 키우는 것이 좋습니다. 보통은 빛이 잘 들어오는 창가에 걸이분으로 키우면 덩굴 길이가 1m 내외로 자라고 환경이 좋으면 2~3m 까지도 자랍니다.

침실에 좋은
공기정화식물

호야는 덩굴성 열대상록관목으로 동남아시아, 오스트레일리아, 폴리네시아의 열대 및 아열대 지방에서 자생하며 전세계적으로 200~300여 종이 있습니다. 호야의 학명은 식물학자 로버트 브라운-Robert Brown이 그의 친구이자 원예가인 토마스 호이-Thomas Hoy 가 1822년 72세의 나이로 죽자 그를 기리기 위해 붙였습니다.

잎은 갈색의 줄기에서 마주나는데 대부분의 호야 품종은 잎에 은색의 얼룩무늬가 있습니다. 줄기에서는 공기뿌리가 나와 나무나 바위를 타고 오릅니다. 잎 길이는 5~30cm 내외, 다육질에 짧은 잎자루를 가지고 있습니다.

호야 품종

꽃은 잎겨드랑이에서 5월에 피고 별 모양이며 산형꽃차례로 둥글게 달립니다. 꽃 색상은 품종에 따라 다르지만 보통 흰색이거나 연한 분홍색이고, 꽃의 중앙에는 광택이 있습니다. 각각의 꽃은 지름 1cm 내외이고 5개의 꽃잎이 있고 향기가 있으며 꿀샘이 발달해 있습니다. 인기 품종으로는 흔히 보는 *H. carnosa* 품종이 있고, 잎이 조금 날카로운 *H. bella* 품종이 있습니다.

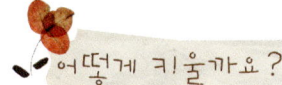

햇빛을 좋아하지만 반음지에서도 잘 자라고, 때때로 북향에서도 성장이 양호합니다. 수분은 흙이 완전히 마른 2주에 한번 공급하고, 비료는 한 달에 한번 공급합니다. 권장 생육 온도는 15~27도, 월동 가능 온도는 1~3도입니다. 햇빛이 부족할 경우 꽃이 개화하지 않으므로 걸이분을 밝은 창가로 이동시켜주데. 여름 직사광선은 피해야 합니다. 번식은 3~5월에 잎이 2~3개 달려있는 전년생 가지로 꺾꽂이합니다.

섭씨 15~27℃ 최적
겨울 1~3℃ 이상

직사광선을 피하고
50% 이상 차광

여름 15일
겨울 15~30일

12
잎과 꽃색이 강렬한 포인트 식물
익소라 *Ixora L.*

분 류 꼭두서니과 열대상록소관목
영어명 Jungle Flame, Burning Love
학 명 *Ixora L.*
높 이 1~3.6m

익소라 치넨시스 품종

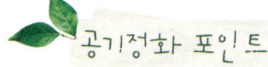 공기정화 포인트

실내공기를 정화하고 각종 악취를 제거하는 효과가 있습니다. 줄기를 많이 분지하고 잎이 무성하게 달리는 식물이지만 가지치기를 하지 않고 키우는 것이 더 좋습니다. 일반종과 달리 미니종은 30~40cm 내외로 자랍니다. 침실에서 키울 경우 햇빛이 잘 떨어지도록 화분 높이를 조절한 뒤 키웁니다.

침실에 좋은
공기정화식물

인도와 스리랑카의 열대지역이 원산지인 익소라는 세계적으로 약 400종이 있으며 몇몇 품종은 아프리카에서 자생합니다. 주요 품종으로는 *Ixora brachiata, Ixora chinensis, Ixora coccinea, Ixora williamsii* 품종이 있는데 인기 품종은 익소라 치넨시스–*I. chinensis*와 익소라 코치니아–*Ixora coccinea* 품종입니다. 이들 품종도 꽃의 색상이 흰색, 노란색, 분홍색, 주황색 등 다양한 색상이 있으므로 구미에 맞게 키울 수 있습니다.

익소라의 수형

익소라는 보통 녹색의 잎을 보기 위해 키우는 관엽식물입니다. 잎 길이는 6~12cm이고 혁질의 둥근 타원형으로 돌려나거나 마주납니다.

꽃은 길이 5~13cm의 종 모양이고 꽃잎은 4개입니다. 꽃은 5~10월에 우산꽃차례로 달리는데 오랫동안 피어있고, 열매는 맺지 않습니다. 품종에 따라 다르겠지만 왜성종은 1~2m까지 자라고 자생지에서는 3.6m까지 자라는 경우도 있습니다.

학명 익소라–*Ixora*는 인도의 신 이슈와라–Iswara를 포르투갈어로 읽은 것인데, '세계의 신'이란 뜻이며, 세계를 창조·유지·파괴하는 모든 신의 신이자 인격의 신이라는 뜻을 가지고 있습니다.

태평양의 섬나라인 미크로네시아의 고대 원주민들은 익소라를 무덤 표지로 삼았으며, 또 다른 원주민들은 정력증진과 부부애정을 키우는 꽃으로 여겼습니다.

어떻게 키울까요?

햇빛을 좋아하지만 잎이 잘 타므로 여름에는 반그늘에서 키웁니다. 고온다습한 환경에서 잘 자랍니다. 적정 성장 온도는 20~36도이며 월동 가능 온도는 13도입니다. 물빠짐이 좋은 토양에서 수분은 보통으로 관수하되 습기를 좋아하므로 분무기로 자주 뿌려주고, 비료를 자주 공급합니다. 추위에는 아주 약하므로 겨울철에는 창가에서 따뜻한 장소로 옮겨주는 것이 좋습니다. 번식은 4월에 꺾꽂이나 뿌리나누기로 합니다.

 섭씨 20~36℃ 최적
겨울 13℃ 이상

 반그늘

 보통보다 약간 습하게

13
실내 습도를 측정하는 지표식물
아디안텀 *Adiantum raddianum*

분 류 고사리과 열대관엽식물
영어명 Maidenhair Fern
학 명 *Adiantum raddianum*
높 이 30~50cm

양치식물 공작고사리의 일종으로 남미, 인도, 중국의 열대지방에서 자생하며 세계적으로 약 200종이 있습니다. 국내에는 공작고사리, 암공작고사리 등이 자생합니다. 아디안텀은 그리스어의 '젖지 않는다'에서 유래된 것으로 잎이 물에 잘 젖지 않는 특성이 있습니다.

아디안텀은 줄기가 검정색이거나 짙은 갈색이고 반짝거리는 특성이 있습니다. 잎은 밝은 녹색에 삼각꼴이 많고 가장자리가 뒤로 말려 포자낭군을 감싸는 형태입니다.

 공기정화 포인트

아디안텀은 실내의 습도를 측정할 수 있는 지표식물로 가습 기능을 하는 것이 특징입니다. 특히 잎이 마르지 않고 잘 자란다면 실내 습도가 적당하다는 것을 체크할 수도 있습니다. 물론 잎이 말라가면 그만큼 습도가 떨어진다고 볼 수 있습니다. 또한 아디안텀의 싱그러운 녹색 잎은 눈의 피로를 덜어줄 뿐만 아니라 뇌 안의 알파파를 증가시켜 뇌 기능의 활성화에 도움을 줍니다. 공작고사리류의 양치식물도 새집증후군의 원인이 되는 포름알데히드 제거에 효과적이며, 귀엽고 앙증맞은 잎은 침실이나 공부방에도 잘 어울립니다.

침실에 좋은
공기정화식물

자생지에서는 보통 낮은 지대와 암석이 많은 냇가와 폭포가에서 볼 수 있는데 남미 안데스 산맥과 중국에 유사종이 많이 자생합니다.

약 200여종의 아디아텀 중에서 세계적으로 유통되는 품종은 'A. raddianum'과 'A. peruvianum' 등인데 A. peruvianum 품종은 영어로 'Silver Dollar Fern'이라고 불리며 잎이 조금 큰 편입니다.

국내에서 자생하는 유사종은 A. Pedatum이라는 학명을 가지고 있고, '공작이 날개를 편 것 같다' 하여 '공작고사리'라고 불립니다.

1 국내 자생종인 공작고사리
2 아디안텀의 잎

반음지 혹은 밝은 음지에서 잘 자라며 음지에서는 키우기 어렵습니다. 권장 생육 온도는 20~25도입니다. 수분은 보통으로 공급하고, 번식은 포기나누기로 합니다.

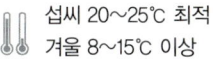
섭씨 20~25℃ 최적
겨울 8~15℃ 이상

반음지

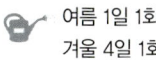
여름 1일 1회
겨울 4일 1회

49

Part 03

주방에 좋은 공기정화식물

주방은 실내 공간에서 유독한 일산화탄소와 이산화탄소가
가장 많이 발생하는 공간입니다. 주방에서 발생하는
나쁜 유독물질을 없애는 데는 아펠란드라나 산호수,
스킨답서스 등의 식물들이 공기를 쾌적하게 유지해줍니다.

쾌적한 주방 공기를 위한 아펠란드라
조화처럼 생긴 우리나라 식물 산호수
걸이분으로 좋은 하트모양의 잎 필로덴트론 옥시카르디움
주방의 대표 공기정화식물 스킨답서스

14
쾌적한 주방 공기를 위한
아펠란드라
Aphelandra squarrosa

분 류 쥐꼬리망초과 상록관목/초본
영어명 Zebra Plant
학 명 *Aphelandra squarrosa*
높 이 1~2m

남미 브라질의 열대우림지역이 원산지인 아펠란드라는 세계적으로 170여종이 있습니다. 성장조건이 좋으면 1~2m까지 자라며 가장 인기 있는 품종은 아펠란드라 스퀘어로사-*A. squarrosa*입니다.

잎 길이는 5~30cm 내외, 잎의 색상은 어두운 녹색의 혁질이고, 잎 표면에는 진한 흰색 맥이 있습니다. 이 맥이 얼룩말 무늬와 비슷해 영어로는 'Zebra Plant'라고 부릅니다.

관 모양의 꽃은 끝 부분이 입술 모양이고 늦여름에 무한꽃차례로 달립니다. 꽃색은 노란색, 핑크색, 진홍색 색상이 있고, 황금색 포로 둘러싸여 있는데 이 포의 관상가치가 높습니다.

공기정화 포인트

주방에서 등유, 가스 등이 연소되면서 발생하는 일산화탄소, 이산화황, 이산화질소 등을 제거하는데 효과가 있습니다. 내한성, 내건성에는 취약하지만 고온다습한 환경을 좋아하므로 밝은 주방에서 키우기 적당하고 습도가 많은 욕실에도 좋습니다.

주방에 좋은
공기정화식물

아펠란드라는 추위에 민감한 실내식물중 하나입니다. 월동 가능한 온도는 13~15도이므로 봄이나 가을철 밤 기온이 많이 떨어질 때는 외부 추위가 느껴지는 창 옆에 내놓지 않는 것이 좋습니다. 또한 직사광선에서는 잎이 타버리므로 여름철에는 직사광선에 장시간 노출시키지 않는 것이 좋습니다.

아펠란드라는 식물체 전초에 독성 성분이 있으므로 함부로 섭취할 수 없으며, 알레르기에 민감한 사람들은 잎에 접촉했을 때 때때로 피부염이 발생할 수도 있으므로 잎과 접촉하지 않는 것이 좋습니다.

어떻게 키울까요?

밝은 반음지에서 잘 자라며 고온다습한 환경과 물빠짐이 좋은 사질의 비옥한 토양을 좋아합니다. 권장 생육 온도는 16~29도이고 18~21도일 때 가장 생육이 좋고, 월동 가능 온도는 13~15도입니다. 물은 보통으로 공급하며 과습하거나 부족할 경우 잎이 갈색으로 시들고, 실내공기가 너무 건조해도 시들어 버립니다. 번식은 새눈을 옮겨 심으면 됩니다.

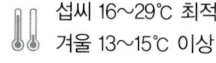 섭씨 16~29℃ 최적
겨울 13~15℃ 이상

 밝은 반음지

 겉흙이 마르면 공급

15
조화처럼 생긴 우리나라 식물
산호수
Ardisia pusilla

분 류 자금우과 상록소관목
영어명 Tiny Ardisia
학 명 *Ardisia pusilla*
높 이 15~40cm

우리나라 제주도와 일본, 중국, 태국, 말레이시아, 필리핀 등의 저지대 산림에 자생하는 산호수는 높이 45cm로 자라는 자금우과 식물입니다.

타원형의 잎은 줄기에서 돌려나며 잎자루는 3~8mm 내외, 잎 크기는 2.5~6cm 내외로 강모가 있습니다.

꽃은 6월에 흰색으로 피며 산형꽃차례로 달리는데 꽃자루는 1~3.5cm 내외이고 꽃의 크기는 6~7mm 내외입니다.

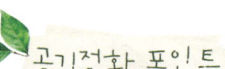

공기정화 포인트

주방에서 발생하는 일산화탄소의 흡수 능력이 뛰어나 주방에서 키우면 좋습니다. 쭈글쭈글한 잎은 관엽식물로써 가치를 높여줍니다. 분화로 키우면 지피식물처럼 화분을 뒤덮고, 걸이분으로 키우면 덩굴처럼 잎이 달리므로 여러 가지 방법으로 키울 수 있습니다. 잎이 플라스틱 느낌이 나면서 의류와 잘 어울리므로 의류점 개업선물로도 적당합니다.

산호수

주방에 좋은
공기정화식물

열매는 9월에 붉은색으로 익으며 크기는 6mm 내외입니다. 줄기는 포복성이 있어 주로 지피식물로 많이 식재합니다. 한방에서는 전초를 '모청강'이라 하여 약용하는데 타박상, 류머티즘 관절염, 요통 등에 효능이 있습니다.

제주도에서는 해발 300m 이하 저지대에서 드물게 볼 수 있지만 일본이나 중국 등지에서는 해발 200~700m 사이의 중 저지대에서 볼 수 있으며 밀집된 산림이나 계곡, 언덕, 냇가 등 축축한 그늘에서 자생합니다. 산호수라는 이름은 붉은 열매가 바닷속의 산호처럼 아름답다고 해서 붙여진 이름이고 유사종으로는 자금우가 있습니다.

1 산호수의 열매
2 자금우의 잎 모양
3 포복성이 있는 산호수

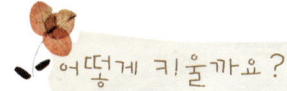
어떻게 키울까요?

햇빛을 좋아하지만 그늘에서도 성장이 양호해 실내식물로 안성맞춤입니다. 추위에는 약해 중부 이북지방에서는 노지에서 키울 수 없습니다. 수분은 보통으로 공급하지만 공중습도를 좋아하므로 때때로 분무기로 뿌려줍니다. 번식은 포기나누기 또는 꺾꽂이로 실시합니다.

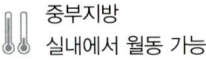 중부지방
실내에서 월동 가능

 반양지, 반음지

 흙이 마르면 관수

16 걸이분으로 좋은 하트모양의 잎
필로덴드론 옥시카르디움
Philodendron oxycardium

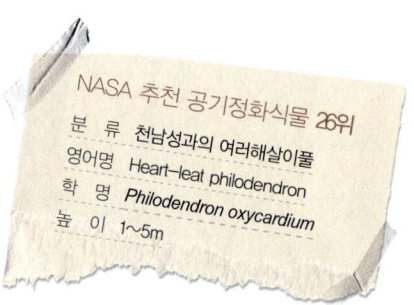

NASA 추천 공기정화식물 26위
- 분 류 천남성과의 여러해살이풀
- 영어명 Heart-leaf philodendron
- 학 명 *Philodendron oxycardium*
- 높 이 1~5m

 공기정화 포인트

증산작용은 물론 휘발성화학물질 제거에 탁월하며, 특히 관리가 용이한 점이 특징입니다. 하트모양의 잎이 아름다워 어떤 장소에서든 운치있게 잘 어울립니다. 공부방 창가에 걸이분으로 키우거나 거실 한쪽에 지주대를 세우고 덩굴성으로 자라게 할 수 있습니다. 파스타 레스토랑의 경우 석고상 같은 장식물을 감아 오르게 하여 키우면 이국적 분위기를 자아냅니다.

주방에 좋은
공기정화식물

필로덴드론 옥시카르디움은 잉글리시 아이비와 비슷한 심장형 잎을 가지고 있는 식물입니다. 잎 크기는 20cm 내외의 하트형이며 다른 나무를 타고 오르는 속성이 있고, 필로덴드론류의 식물 중에서 가장 키우기 쉬운 식물로 알려져 있습니다.

역사적으로는 1793년경 멕시코에서 영국으로 전파된 식물로 영국 빅토리아 시대에는 왕실 응접실을 울창한 형태로 꾸미는 식물로 널리 사용하였습니다. 영국 왕실 등 지극히 제한된 공간에서 인기를 얻다 잊혀진 이 식물은 그 후 1936년경 미국 플로리다의 John Masek에 의해 재발견된 뒤 해충에 강하고 키우기 쉬울 뿐 아니라 용이한 번식력 때문에 미국의 일반 가정에도 급속히 보급되었습니다. 당시만 해도 원예업이라는 것이 없었기 때문에 필로덴드론 옥시카르디움을 원예업 탄생에 공헌한 식물중 하나라고 말하는 이들도 있습니다.

국내에서는 '옥시'라는 이름으로 유통되는데 주로 큰 화훼단지에서 구입할 수 있습니다.

어떻게 키울까요?

햇빛 또는 반그늘에서 잘 자라지만 형광등이나 저조명하에서도 생육이 양호한 편이고 수경재배로 키울 수도 있습니다. 번식은 줄기를 꺾어 삽목하면 되는데 성장 속도가 빠른 편입니다. 적정 기온은 20~25도 이상이고 월동 가능한 온도는 7~8도 이상입니다. 가정에서는 주로 스킨답서스를 많이 키우지만 키우기는 오히려 옥시가 비교적 무난합니다.

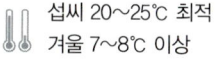 섭씨 20~25℃ 최적 / 겨울 7~8℃ 이상   반그늘, 음지   흙이 마르면 충분히

17
주방의 대표 공기정화식물
스킨답서스
Epipremnum aureum

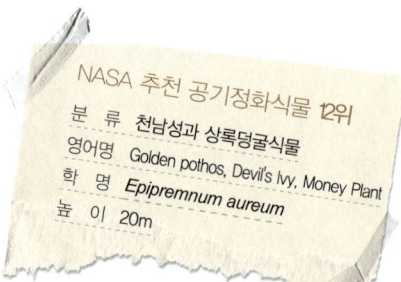

NASA 추천 공기정화식물 12위
분 류 천남성과 상록덩굴식물
영어명 Golden pothos, Devil's Ivy, Money Plant
학 명 *Epipremnum aureum*
높 이 20m

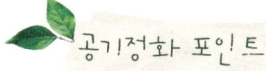
공기정화 포인트

포름알데히드, 크실렌, 벤젠, 일산화탄소 제거 능력이 탁월합니다. 주방의 각종 냄새를 제거할 수 있고, 잎이 아름답기 때문에 쇼핑몰이나 카페에도 잘 어울립니다. 주방에서 키울 때는 냉장고 옆에 걸이분이나 지주대, 유인 선을 만든 뒤 냉장고 외벽을 타고 덩굴 속성으로 자라게 할 수 있습니다.

주방에 좋은
공기정화식물

말레이시아, 인도네시아, 뉴기니, 솔로몬군도가 원산지인 에피프레넘은 하트 모양의 잎에 노란색이나 크림색 마블이 있는 덩굴식물입니다. 국내에서는 스킨답서스-*Philodendron scindapsus*라고 불리는데, 스킨답서스의 학명이 에피프레넘-*Epipremnum aureum*으로 바뀐지 오래되었지만 지금도 스킨답서스라고 부릅니다.

외국의 식물학자들 사이에는 에피프레넘과 스킨답서스를 서로 다른 근연종으로 보기도 하고, 두 식물을 같은 식물로 보기도 합니다.

덩굴성의 스킨답서스는 길이 20m까지 자라고 나무를 감아 오르는 속성이 있어 걸이용 화분으로 키우거나 기둥을 타고 오르도록 키워야 합니다. 잎은 하얀색, 노란색, 밝은 녹색의 마블이 있어 쇼핑몰의 쇼윈도나 벽면을 고급스럽게 꾸밀 때 좋습니다.

스킨답서스는 일산화탄소 제거 능력이 탁월하여 주방 공기정화식물로 유명하지만 카페 등에도 잘 어울리는 공기정화식물입니다. 만일 카페에서 기둥을 타고 올라가는 하트 잎의 식물을 보았다면 십중팔구 스킨답서스이거나 옥시카르디움입니다.

미국동물애호협회의 권장에 따르면 스킨답서스의 경우 강아지나 고양이에게 악영향을 주는 독성 성분이 있다고 하므로 애완동물을 키우는 가정에서는 키울 때 참고해 두는 것이 좋습니다. 스킨답서스에 함유된 독성은 Calcium oxalate crystals이라는 성분인데, 수액과 직접 접촉하면 피부 트러블을 일으킵니다. 열매, 꽃, 잎을 다량 섭취할 경우엔 입 안에 통증이 오고 설사를 한다고 합니다.

어떻게 키울까요?

반그늘에서 잘 자라며 실내조명으로 키울 때는 조명이 강해야 합니다. 권장 온도는 17~30도이며 겨울에도 최소 10도 이상을 유지하면 죽지 않고 키울 수 있습니다. 공기정화식물 가운데 재배에 용이한 식물로써 관리가 약간 소홀해도 잘 자라는 편이고 흙도 가리지 않습니다. 번식은 덩굴 끝을 두 뼘 정도 잘라 심거나, 잎이 붙어있는 줄기를 잘라 삽목하는데, 성장 속도 또한 매우 빠른 편입니다. 수분은 보통으로 공급합니다.

| 섭씨 17~30℃ 최적
겨울 5~10℃ 이상 | 반음지 | 속 흙이 말랐을 때
흠뻑 |

공부방, 사무실 책상 위의 공기정화식물

공부방과 일하는 사무실은 집중력을 꾀하고
기억력을 증진시켜 주어야 합니다. 주로 음이온 발생량이 많고,
증산율이 좋은 식물들이 적합니다. 최근 각광받는 팔손이나무와 레몬밤, 카랑코에 등을
추천하며 모던함 연출하는 마란타, 칼라데아 마코야나도 좋습니다.

기도하는 얼룩무늬 이파리 마란타

건조한 겨울에 잘 어울리는 카랑코에

꽃보다 잎이 더 예쁜 칼라데아 마코야나

기분을 상쾌하게 풀어주는 레몬밤

잔줄기 많고 잎도 큰 천연 공기정화기 팔손이나무

버드나무 잎을 닮은 고무나무 피쿠스알리

18
기도하는 얼룩무늬 이파리
마란타
Maranta leuconeura "Kerchoveana"

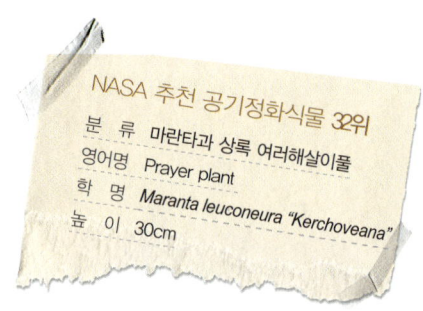

NASA 추천 공기정화식물 32위
분 류 마란타과 상록 여러해살이풀
영어명 Prayer plant
학 명 Maranta leuconeura "Kerchoveana"
높 이 30cm

마란타

남미 브라질의 열대우림지역이 원산지인 마란타는 열대상록 다년초로 남미에만 약 20여종의 유사종이 있습니다.

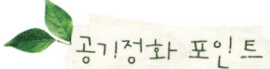

공기정화 포인트

커다란 얼룩무늬의 잎은 증산 효과는 물론 건축자재에서 나오는 톨루엔, 벤젠 등을 제거하는 효과를 겸비하고 있습니다. 가정에서 키울 때는 접시형 분화에 키우거나 걸이분으로 키우는데 아파트 거실, 주방, 어디에도 잘 어울리며 알려진 유해 성분이 없으므로 공부방에도 잘 어울립니다.

잎자루는 하단부가 칼집 모양이고 근생엽과 줄기엽으로 이루어져 있는데 두 잎은 손바닥을 합장하고 기도하는 모습과 닮았습니다. 그래서 영어로는 'Prayer plant'이며, 실제 두 잎은 한밤중에는 직립한 상태로 붙어있고 낮에는 수평으로 펼쳐집니다. 이 때문에 매일 기도하는 식물이라고 하여 원예 애호가들에게 큰 인기를 얻고 있습니다.

마란타의 잎은 길이 약 20cm로 눈에 잘 띄지 않는 맥이 있으며 어두운 색상의 얼룩무늬가 있습니다. 어린잎의 얼룩은 때때로 초콜릿 색상이고 늙은 잎의 얼룩은 짙은 녹색인데 이 얼룩무늬는 늙을수록 바래지고, 잎의 앞뒷면 얼룩 색상은 조금씩 다릅니다.

꽃은 자줏빛 반점이 있는 흰색이며 총상꽃차례로 달립니다. 꽃을 보기는 꽤 어려운데 우리나라 실내 환경이라면 대개 6~7월경 꽃을 볼 수 있습니다. 꽃이 진 뒤에는 지푸라기처럼 보이는 줄기가 남는데 그곳에 열매가 있습니다.

또한 마란타에는 다른 공기정화식물과 달리 뿌리줄기에 전분질이 많아 사람이 섭취할 수 있고, 유사종으로는 마란타 바이칼라, 마란타 아룬디나세아, 마란타 레우코네우라 등이 있습니다.

참고로 마란타의 잎이 낮에도 붙어있다면 빛이 충분하지 않음을 의미하므로 조금 밝은 장소로 옮겨야 합니다. 이때, 햇빛이 많이 들어오는 장소로 옮길 경우 잎이 갈색으로 타버리므로 적절하고 좋은 위치에 배치해야 합니다.

1 온실의 마란타 2 마란타의 꽃

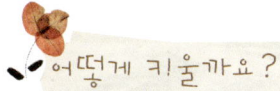

물빠짐이 좋은 토양을 좋아하며, 여름에는 반음지에서 키웁니다. 권장 온도는 12~28도이고 뿌리가 젖어있는 것을 싫어하므로 물은 보통으로 관수합니다. 공중습도가 높은 것을 좋아하므로 종종 분무기로 뿌려줍니다. 직사광선에 오래 두거나 통풍이 되지 않는 건조한 장소에 두거나, 수분이 많거나 부족할 경우, 추운 장소에 장시간 둘 경우에는 잎이 갈색으로 타버립니다. 겨울에는 외풍이 들어오지 않는 장소로 옮겨주되 햇빛을 잘 받도록 해주고 온도에 민감하므로 싸늘한 창가와 거리를 두어야 합니다. 번식은 3~4월에 포기나누기로 하거나 씨앗을 뿌려 번식합니다.

섭씨 12~28℃ 최적
겨울 10℃ 이상

반음지

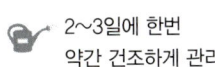
2~3일에 한번
약간 건조하게 관리

19
건조한 겨울에 잘 어울리는
카랑코에
Kalanchoe blossfeldiana

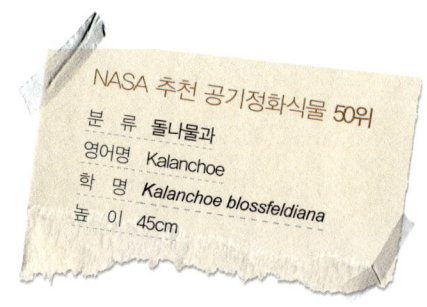

NASA 추천 공기정화식물 50위
분 류 돌나물과
영어명 Kalanchoe
학 명 *Kalanchoe blossfeldiana*
높 이 45cm

돌나물과의 카랑코에는 주부들이 흔히 가는, 시장이나 집 근처 화원에서 많이 볼 수 있는 아담하고 소박한 공기정화식물입니다. 최근에는 도시의 대형마트에서도 예쁜 용기에 담아 카랑코에를 판매하고 있으며, 가격이 저렴하기 때문에 부담 없이 키울 수 있는 공기정화식물입니다.

카랑코에는 마다가스카르 원산의 다육질 식물로 꽃잎은 4개이며 품종에 따라 빨강, 자주색, 핑크색, 오렌지색, 노란색, 흰색 등의 꽃이 핍니다.

카랑코에는 품종에 따라 다르지만 관목형, 여러해살이풀, 두해살이풀, 한해살이풀로 나눌 수 있으며, 1763년 식물학자 미셀 애던슨에 의해 최초로 기록되었습니다.

공기정화 포인트

실내공기 중 포름알데히드와 이산화탄소를 제거하는데 효과가 있고 다육식물이라 건조한 겨울 밤 공기정화에도 좋아 침실이나 아이들 공부방에 적합합니다. 단독주택에서는 화단에 키울 수 있고 아파트나 유치원, 학교에서는 분화, 걸이분으로 키우거나 베란다 등에 암석정원을 꾸민 뒤 키울 수 있습니다. 빨간색 품종 외에 핑크색 등 여러 가지 색깔의 카랑코에를 볼 수 있고, 실내 환경을 잘 맞추면 오랫동안 아름다운 꽃을 감상할 수 있습니다.

꽃은 한 달 반 정도 피는데, 다른 꽃과 달리 꽃잎 안쪽 세포가 성장하면서 꽃잎을 밀어내는 방식으로 꽃이 핍니다. 꽃은 보통 겨울에 피기 때문에 '크리스마스 카랑코에'라고 부르지만 원예종 품종은 4~5월에 피기도 합니다.

햇빛을 좋아하고, 추위에도 잘 견디기 때문에 우리나라 환경에서는 노지에서도 잘 성장합니다. 하지만 여름 직사광선에는 취약하므로 꽃과 잎을 예쁘게 키우려면 실내의 밝은 곳에서 키우는 것이 좋습니다.

관목형으로 피는 카랑코에는 최고 6~7m 크기까지 성장하며, 국내에서는 '선녀무'라는 이름으로 알려져 있습니다.

참고로, 몇몇 카랑코에 품종은 심장병을 유발하는 '부파디에노이드-Bufadienolide'라는 독성 성분이 있고 이 성분은 애완동물에게 해를 줄 수 있으므로 잎을 먹지 못하게 해야 합니다. 이 성분은 때때로 약용이 가능해 아프리카의 원주민들은 민간 치료제로 사용하기도 하였습니다.

1 카랑코에 꽃
2 관목형 카랑코에 선녀무
(Kalanchoe beharensis)

어떻게 키울까요?

햇빛을 좋아하지만 햇빛 아래서는 잎이 타버리므로 반양지에서 키우는 것이 좋습니다. 실내조명에서는 빛이 밝아야 하고, 월동 가능 온도는 5~10도이지만 몇몇 품종은 -3도에서도 일시적으로 견딥니다. 수분은 보통보다 적게 공급하며 겨울에는 건조하게 관리합니다. 꺾꽂이나 종자로 번식할 수 있는데 꺾꽂이는 봄에 실시합니다.

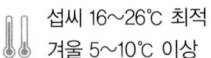 섭씨 16~26℃ 최적
겨울 5~10℃ 이상

 반양지

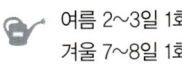 여름 2~3일 1회
겨울 7~8일 1회

20
꽃보다 잎이 더 예쁜
칼라데아 마코야나
Calathea makoyana

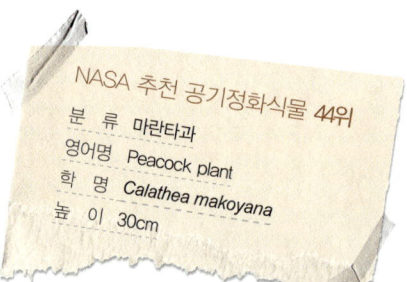

NASA 추천 공기정화식물 44위
- 분 류   마란타과
- 영어명   Peacock plant
- 학 명   *Calathea makoyana*
- 높 이   30cm

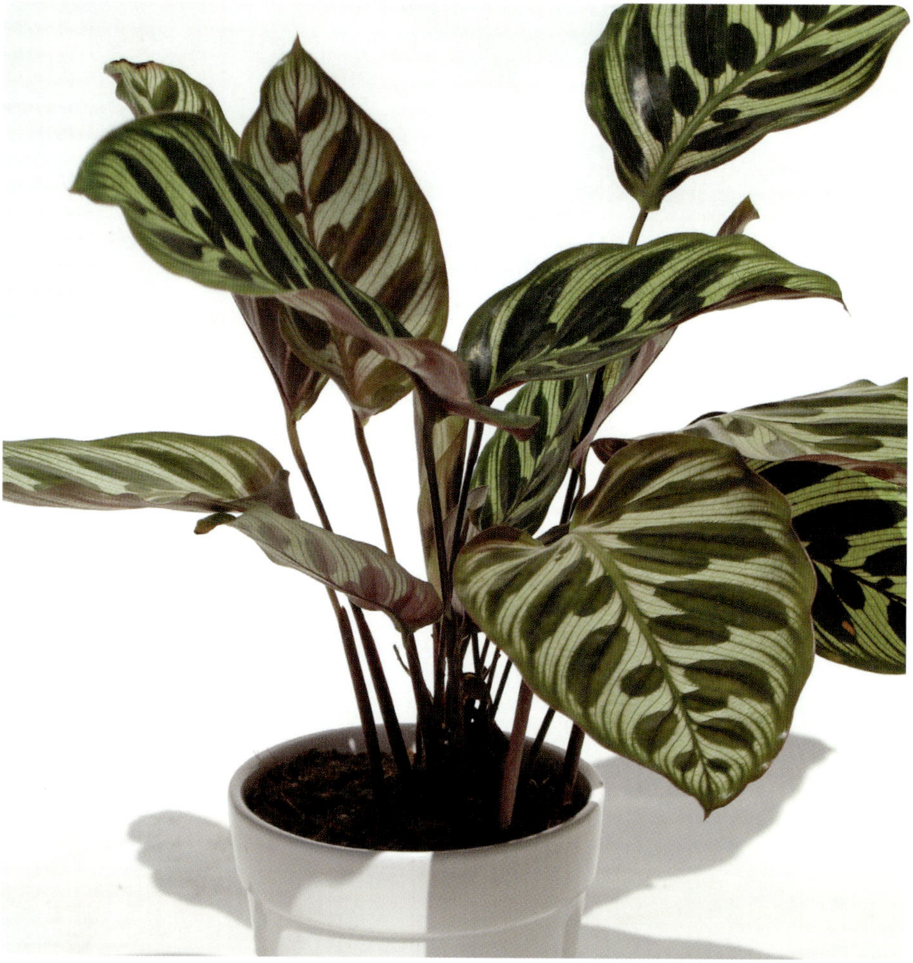

칼라데아 마코야나

증산율이 높고, 암모니아 제거 능력이 탁월합니다. 공간을 작게 차지하기 때문에 욕실에서 키우는 것도 좋지만 공부방이나 사무실 책상, 거실 탁자를 모던한 분위기로 연출할 때 안성맞춤입니다.

공부방, 사무실 책상 위의
공기정화식물

브라질 원산의 칼라데아 마코야나는 일명 '공작초'라고 불리며 벨기에의 'Jacob Makoyan'의 이름에서 학명을 따왔습니다. 국내에서는 여러 종류의 칼라데아 품종이 유통되는데 이중 나사 추천 공기정화식물인 칼라데아 마코야나는 보통 '마코야나'라는 이름으로 유통됩니다.

잎은 긴 타원형으로 새의 깃털처럼 생겼고 뿌리에서 바로 올라옵니다. 잎 표면에는 굵은 무늬가 있는데, 이 무늬는 세계적으로 100여종 있으며, 칼라데아 품종에 따라 모양이 달라집니다. 또한 잎 뒷면 색상이 서로 달라 앞면은 녹색이고 뒷면은 자주색입니다. 잎 길이는 보통 30~60cm 내외인데 칼라데아 마코야나의 경우 30cm 정도 길이를 가졌습니다.

칼라데아는 잎을 보기 위해 키우는 식물이므로 여름에는 물을 충분히 공급하고, 분무기로 공중습도를 높여주어야 합니다. 만일 공중습도가 충분치 않거나 직상광선에 장시간 노출시키면 잎 끝이 타버리므로 분무를 자주 하고 직사광선을 피해야 합니다.

칼라데아에 속하는 100여 품종은 서로 비슷한 무늬를 가졌지만 '칼라데아 오르나타'와 '칼라데아 인시그니즈'처럼 잎의 생김새와 무늬가 아예 다른 품종도 있습니다.

1 칼라데아 오르나타
2 칼라데아 루피바르바

이들 품종들도 공기정화능력은 칼라데아 마코야마와 그다지 차이가 없으므로 취향에 맞는 칼라데아를 선택하는 것도 좋습니다. 칼라데아 마코야마가 귀엽고 앙증맞은 무늬를 가졌다면 칼라데아 오르나타는 현대적인 감각의 제브라 무늬가 인상적입니다. 이들 품종중 가장 강건하고 키우기 쉬운 것은 마코야나인데 반지하 공간이나 아이들 공부방 책상에 올려놓으면 잘 자라며, 아이들 정서에도 좋습니다.

어떤 품종을 키우건 칼레데아는 직경 10cm 크기의 작은 화분에서도 깃털이 세워져 있는 듯 키울 수 있습니다. 따라서 식물이라기보다는 장식품처럼 보이는 경우가 많으므로 책상이나 거실을 모던한 분위기로 연출할 때 안성맞춤입니다.

전형적인 음지식물이지만 여름에는 밝은 그늘을 좋아하며 겨울에는 더 밝은 장소로 옮기는데 직사광선은 피하는 것이 좋습니다. 성장 가능 온도는 18~30도이며 월동 가능 온도는 13~15도입니다. 온도와 습도가 맞지 않으면 잎 가장자리가 갈색으로 변하거나 돌돌 말리는 현상이 나타납니다. 배수가 잘되는 축축한 토양에서 잘 자라며, 수분은 1~2주에 2~3컵 흙이 마르지 않도록 관수하되 물이 고여 있는 상태로 관수하면 뿌리가 썩게 됩니다. 번식은 알뿌리를 나누어 심으면 됩니다.

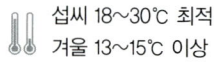
섭씨 18~30℃ 최적
겨울 13~15℃ 이상

음지식물

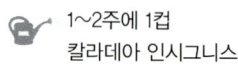
1~2주에 1컵
칼라데아 인시그니스

Gorteria rigens

미니화단에 어울리는 큰 바위 얼굴
가자니아

분 류 국화과 한해살이풀 여러해살이풀
영어명 Gazania
학 명 *Gorteria rigens*
높 이 30cm

아프리카 남부가 원산지인 가자니아는 '가자니아 타이거'라고 불리는 타이거 무늬 품종이 인기가 높습니다. 속명 가자니아–Gazania는 고대 그리스 식물학자인 테오프라스투스–Theophrastus의 저서를 15세기경 라틴어로 번역한 테오도러스 가자–Theodorus Gaza의 이름을 기리기 위해, 1791년 독일의 식물학자 조셉 가에르트너–Joseph Gaertner가 붙였습니다. 유사종은 약 17종으로 대부분 꽃이 크고 화사하고 왜성종처럼 키가 작기 때문에 실내 미니정원에 적당하고 레스토랑이나 카페 식물로도 잘 어울립니다.

가자니아류는 대개 30cm 내외로 자라고 성장 속도는 비교적 느린 편입니다. 바소꼴의 잎은 축 처지고 지면을 덮곤 합니다. 꽃 크기는 지름 7~8cm 내외이고 무늬가 없는 노란색 품종은 작은 해바라기를 닮았습니다.

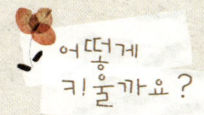

가자니아류는 열대원산의 식물이므로 햇빛을 아주 좋아합니다. 가정에서는 베란다에 미니 정원이나 암석정원을 꾸민 뒤 키우고, 카페에서는 빛이 잘 들어오는 창가에 미니 화단을 꾸민 뒤 키우면 큰 꽃이 시선을 유혹합니다. 전초에는 약간의 독성이 있으므로 사람이 섭취할 수 없습니다. 수분은 보통으로 관수하고 번식은 종자로 합니다.

21 기분을 상쾌하게 풀어주는
레몬밤
Melissa officinalis

분 류 꿀풀과 여러해살이풀
영어명 Lemon Balm, Melissa
학 명 *Melissa officinalis*
높 이 0.7~1.5m

레몬밤은 잎에서 레몬 냄새가 난다 하여 붙은 이름이며 민트 계열의 허브입니다. 남부 유럽과 지중해 연안이 원산지이며, 꽃에 꿀샘이 많아 밀원식물로도 유명합니다. 속명 Melissa는 기원전 2000년경 터키 최대 문명국가였던 히타이트족 말인 Melita에서 유래된 것으로, 원래는 꿀-honey을 의미했으나, 그리스 신화에서 '꿀벌의 요정'이 멜리사라는 이름으로 불리면서, 그리스어로는 '꿀벌'을 뜻하고, 미국에서는 여자 아이의 이름으로 많이 사용합니다.

그리스 신화 속에서 반신반인-半神半人이었던 멜리사는 크레타 섬에 숨겨진 제우스를 양육하는데, 이때 제우스는 멜리사의 보살핌 속에서 꿀과 산양 젖을 먹고 무럭무럭 성장합니다.

공기정화 포인트

정신을 맑게 하고 기억력을 향상시키는 효과가 있기 때문에 수험생이나 아이들의 공부방에 좋습니다. 전초에는 알려진 성분이 없으므로 꽃과 잎을 섭취할 수 있습니다. 의학분야에서 알려진 바, 갑상선 관련 약물을 복용하고 있을 경우 약물의 흡수를 방해할 수도 있으므로 섭취를 삼가라고 조언하고 있습니다.

레몬밤은 뿌리에서 줄기가 올라온 뒤 잔가지가 무성하게 뻗어 자랍니다. 잎은 줄기에서 마주나고 타원형이고 가장자리에 톱니가 있고 끝 부분이 뾰족합니다.

잎은 허브티로 마시거나 각종 샐러드로 먹을 수 있고, 잘게 부순 뒤 몸에 바르면 모기 퇴치에도 효능이 있다고 알려져 있습니다.

꽃은 7월경 피며 꿀샘이 발달해 있어 벌들이 아주 좋아합니다. 전초에서 채취한 오일은 아로마테라피에 사용되고 치약의 원료가 되기도 합니다.

레몬밤에는 유제놀, 탄닌, 테르핀 성분이 함유되어 있습니다. 유제놀-Eugenol은 주로 바닐라 향을 만들 때 사용하며 음료나 아이스크림에 사용합니다. 이 성분은 각종 세균을 박멸하고 근육을 이완시키거나 감정을 진정시켜 혈압을 낮춰주므로 레몬밤 허브티를 많이 마시는 것이 좋습니다. 테르핀-terpenes 성분은 뇌에 혈액공급을 원활이 하여 기억력을 향상시키고 정신을 맑게 합니다.

1 레몬밤 꽃　2 레몬밤 잎

이런 성분에 기인한 탓인지 모르겠지만 레몬밤은 원예 애호가들 사이에서는 '학자들의 허브'라는 수식어가 붙기도 합니다. 그 외도 탈모 방지, 독버섯 해독, 각종 살균제, 아토피 질환 같은 알레르기 질환에도 효능이 있습니다.

햇빛 아래에서 잘 자라며 반양지에서 어느 정도 성장합니다. 건조에도 비교적 강하지만 물은 흙이 말랐을 때 충분히 관수하며, 약간 보습성 있게 관리합니다. 번식은 포기나누기, 꺾꽂이, 종자 번식이 가능한데 종자 번식의 경우 20~30일 뒤 발아합니다.

섭씨 16~25℃ 최적
겨울 10℃ 이상

양지, 반양지

겉흙이 마르면 공급

22
잔줄기 많고 잎도 큰 천연 공기정화기
팔손이나무
Fatsia japonica

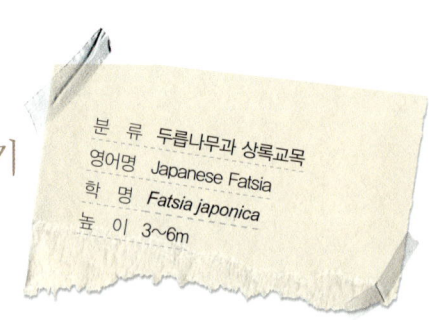

분 류 두릅나무과 상록교목
영어명 Japanese Fatsia
학 명 Fatsia japonica
높 이 3~6m

우리나라 남부지방과 일본, 대만이 원산지인 팔손이나무는 잎이 7~9개로 갈라진다 하여 팔손이라는 이름이 붙었습니다. 우리나라 노지 환경에서는 2~3m로 자라지만 환경이 좋으면 6m까지 자라기도 하며, 화원에서는 0.3~1m 크기의 분화를 판매합니다.

손바닥처럼 생긴 커다란 잎은 혁질에 광택이 있으며 줄기에서 어긋납니다. 잎 크기는 20~50cm 내외, 잎자루 길이는 15~50cm 내외이므로 잎 크기는 어린아이 얼굴만합니다.

공기정화 포인트

실내 공기중 포름알데히드와 톨루엔을 제거할 때 특히 효능이 있으며 벤젠, 크실렌을 제거하는 효과도 있습니다. 또한 음이온을 많이 방출할 뿐 아니라 전자파 제거 및 기억력 향상에 도움이 됩니다. 가정에서는 거실이나 공부방에서 키울 수 있고 사무실 복도에서 키울 수도 있습니다. 성장속도가 빠르므로 실내 공간에 맞게 키우려면 매년 늦봄 가지치기를 해야 하며, 화단에서 키울 경우 대나무류와 잘 어울립니다.

실내에서도 잘 자라는 팔손이나무

공부방, 사무실 책상 위의
공기정화식물

꽃은 10~11월에 원추꽃차례로 달리고 작은 흰색의 꽃이 다발로 붙고 꽃잎은 5개, 수술과 암술도 5개입니다. 열매는 장과이며 이듬해 5월에 검게 익습니다.

쉐프렐라 처럼 두릅나무과 식물들은 대개 잎이 크고, 음지에서 잘 자라는 성향이 있는데 팔손이나무 또한 공해에 강하고 공기정화에 탁월한 효능이 있습니다. 팔손이나무는 특히 포름알데히드와 톨루엔을 제거하는데 효능이 많습니다.

팔손이나무는 1838년경 유럽에 알려졌는데, 이때 열대식물을 연상시키는 잎과 추위에 강하다는 점 때문에 알려지기 시작했으며, 현재는 탁월한 공기정화 능력을 인정받아 외국에서도 새로운 실내식물로 각광받고 있습니다.

비슷한 품종으로는 잎에 얼룩무늬가 있는 'Fatsia Japonica Variegata'가 있습니다.

남부지방에서는 노지에서 키울 수 있는 팔손이나무

팔손이나무 꽃

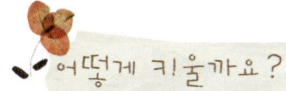
어떻게 키울까요?

양지, 반양지, 음지에서 잘 자랍니다. 우리나라 자생종 가운데 음지에서도 성장이 양호한 것으로 유명합니다. 성장 적정 온도는 15°~20°이며 월동 가능 온도는 -15°이므로 남부지방과 해안가 지방에서는 노지에서 키울 수 있고 중부이북에서는 온실이나 거실 같은 실내 환경에서 키웁니다. 물은 배수가 잘되는 토양에서 보통으로 관수하고 번식은 가지를 꺾어 심으면 됩니다.

섭씨 15~20°C 최적
겨울 -15°C 이상

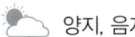
양지, 음지

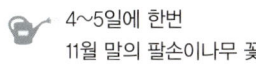
4~5일에 한번
11월 말의 팔손이나무 꽃

23
버드나무 잎을 닮은 고무나무
피쿠스알리 알리고무나무
Ficus maclellandii "Alii"

NASA 추천 공기정화식물 8위
- 분 류 뽕나무과 열대상록교목
- 영어명 Ficus alii
- 학 명 *Ficus maclellandii "Alii"*
- 높 이 1.5m~5m

공기정화 포인트

공기정화능력은 인도고무나무와 비슷할 정도로 뛰어납니다. 기르기 쉽고 진드기 등이 잘 발생하지 않으므로 시간을 내어 관리하기가 수월치 않은 공장, 사무실 등에서 편하게 키울 수 있습니다. 또한 일반 고무나무와 달리 잎이 가느다랗고 가지치기로 다양한 모양을 만들 수 있으므로 카페와 레스토랑의 공기정화식물로도 부족함이 없습니다.

공부방, 사무실 책상 위의
공기정화식물

동남아시아, 서아시아 등의 말레이시아, 태국, 호주가 원산지이며, 잎의 생김새가 일반 고무나무와 달리 버드나무 잎처럼 가느다란 품종입니다. 'Alii'는 하와이에서 '킹'을 뜻하는데, 원래 태국에서 하와이로 수입되었다가, 1980년경 미국 플로리다에서 대규모로 재배되면서 공기정화식물로 각광받고 있습니다.

피쿠스알리는 일반적으로 유인 형태로 키울 수 있으며 가지치기로도 모양이 잘 만들어지는 식물입니다. 가지치기를 할 때는 고무수액이 튈 수도 있으므로 보안경을 착용하고 작업하기도 합니다. 고무수액에 민감한 사람들은 잎에 접촉했을 때 가끔 피부 트러블이 발생할 수도 있음을 주의해야 합니다. 국내에서 '알리고무나무'라고 알려져 있는 피쿠스알리는 아쉽게도 수입업체가 많지 않아 그다지 보급되지 않았지만 수형이 예뻐 한번쯤 관심가져볼만한 공기정화식물입니다.

햇빛 아래에서 잘 자라며 반양지, 밝은 그늘에서도 성장이 양호합니다. 여름철에는 가급적 직사광선을 피하는 것이 좋으며, 남향 뿐 아니라 동쪽 창가에서 키워도 잘 자랍니다. 권장 생육 온도는 13~20도이고 월동 가능 온도는 7도 내외입니다. 물은 보통으로 관수하며 비료는 한 달에 한번 공급합니다. 과습할 경우 잎이 황색으로 변합니다. 번식은 꺾꽂이로 합니다.

섭씨 13~20℃ 최적
겨울 7℃ 이상

양지, 반양지

흙이 마르면 관수

현관, 신발장 옆의
공기정화식물

현관은 자칫 실외의 오염물질이 들어오는 통로가 될 수 있으며,
현관 옆의 신발장은 악취가 많이 나는 공간입니다.
이곳에는 암모니아나 미세먼지를 잘 흡수하는 벤자민고무나무나
질소화합물 제거에 탁월하고 실내 연출에도 좋은 콜레우스 등을 추천합니다.

실내 식물의 베스트셀러 벤자민고무나무
활기찬 분위기를 연출하는 관엽식물 콜레우스
작게 키울수록 예쁜 피토니아

24
실내 식물의 베스트셀러
벤자민고무나무
Ficus benjamina

> NASA 추천 공기정화식물 22위
> 분 류 뽕나무과 상록교목
> 영어명 Weeping fig
> 학 명 *Ficus benjamina*
> 높 이 30m

서아시아, 동남아시아, 호주에서 자생하는 벤자민고무나무는 최고 30m까지 성장하는 키 큰 나무입니다. 태국 방콕의 시목─市木이기도 한 벤자민고무나무의 굵은 줄기는 넓게 퍼지고 가느다란 가지는 탄력 있게 늘어집니다. 번식력이 매우 왕성한 이 나무는 공기뿌리가 땅에 닿으면 계속 팽창해 인근 정원이나 도로를 뚫고 올라오기도 합니다.

달걀 모양의 잎은 녹색이거나 암녹색입니다. 시든 잎을 떼어내고 다른 위치로 화분을 이동시키면 유입되는 빛에 따라 새로 돋는 잎 색상이 달라지고, 앞뒤 잎 색상도 다릅니다. 열매는 붉은색으로 익고 크기는 8cm 내외입니다. 자생지에서는 비둘기 등의 새들이 벤자민고무나무의 열매를 즐겨 따먹지만, 사람이 먹을 수는 없습니다.

공기정화 포인트

암모니아, 포름알데히드, 아황산가스 제거에 효과가 있으며, 실내 미세먼지를 흡수하는 기능도 월등합니다. 가정에서는 현관이나 창가의 코너, 사무실에서는 열어놓은 창문과 마주보는 가까운 쪽에 화분을 놓으면 밖에서 들어오는 미세먼지 제거율을 높여줍니다.

현관, 신발장 옆의
공기정화식물

1 무늬벤자민고무나무
2 킹벤자민 수형
3 벤자민고무나무의 잎
4 벤자민고무나무의 열매

가정이나 사무실 등의 실내식물로는 가장 많이 들여놓는 식물 중 하나이며, 실내 적응력 또한 탁월합니다. 특히 무성한 잎은 실내 장식용 식물로도 손색이 없습니다. 단, 일정 이상으로 성장하면 깍지벌레 등이 나타나므로 주기적으로 가지치기를 해서 모양을 다듬어주는 것이 좋습니다.

햇빛을 좋아하므로 실내에서 키울 때는 햇볕이 잘 드는 창가나 현관 등 벽면과 벽면이 만나는 코너가 제격입니다. 여름철에는 하루 종일 햇빛에 노출시키지 않는 것이 좋습니다. 국내에서는 볼 기회가 없지만 태국 등 열대지방에서는 가로수로도 많이 심는다고 합니다.

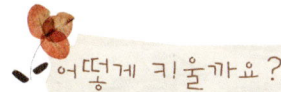
어떻게 키울까요?

햇빛을 아주 좋아하지만 여름철에는 하루 종일 직사광선에 노출시키지 않는 것이 좋으며, 그늘에서도 어느 정도 성장이 양호합니다. 적정 온도는 15~35℃이고 월동 가능한 온도는 10도 안팎입니다. 물은 보통으로 공급하는데, 흙을 손가락으로 찔러 한마디 깊이 정도가 말라있을 경우에 공급합니다. 물을 과하게 공급하면 잎이 노란색으로 변하면서 시들어 떨어집니다. 번식은 줄기를 꺾어 삽목합니다.

섭씨 15~35℃ 최적
겨울 10℃ 이상

양지, 반양지

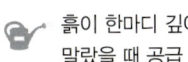
흙이 한마디 깊이
말랐을 때 공급

25
활기찬 분위기를 연출하는 관엽식물
콜레우스
Solenostemon blumei

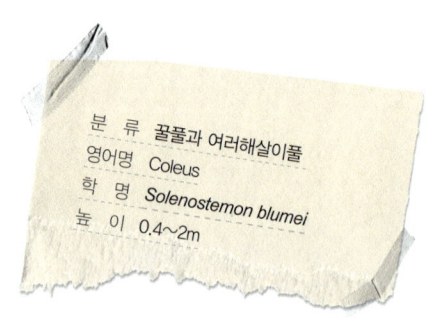

분 류　꿀풀과 여러해살이풀
영어명　Coleus
학 명　Solenostemon blumei
높 이　0.4~2m

콜레우스는 직립한 형태로 자라거나 약간 지면을 덮는 듯 자랍니다. 아프리카와 아시아의 열대지역이 원산지이며 전세계에 약 150여종이 분포합니다. 열대지방에서는 여러해살이풀이지만 국내에서는 추위에 약해 한해살이풀로 취급하며, 눈이 오지 않는 제주도 지역에서는 때때로 여러해살이풀로 살아갈 수도 있습니다. 콜레우스의 장점은 화려한 잎에 있습니다. 그래서 화려한 잎을 내세워 장식용으로도 많이 사용합니다. 또한 콜레우스는 잎의 색상과 무늬가 매우 다양하므로 원하는 품종을 키울 수 있습니다.

줄기는 네모진 형태이고 잔가지가 갈라지고 0.4~1m 안팎으로 자라지만 자생지에서는 2m까지 자라는 것도 있습니다.

공기정화 포인트

공기나 물속의 질소화합물 제거에 효능이 있으므로 주방에서 키우면 생선 비린내와 각종 악취를 제거하는 효과를 얻을 수 있습니다. 지구 대기의 약 78%를 차지하는 질소는 인간의 호흡기관에 유해하지도 않고 도움을 주지도 않지만 다른 성분과 혼합되어 각종 악취와 오염물질을 만들어냅니다.

현관, 신발장 옆의
공기정화식물

잎은 깻잎이나, 방아풀, 쐐기풀의 잎처럼 생겼는데, 줄기에서 마주나고 톱니가 발달해 있으며 색상은 녹색, 핑크, 노랑, 검정, 자주, 빨강, 밤색 등이 있고, 여러 색상이 혼합된 품종도 있습니다. 사진은 콜레우스 푸밀루스-*C. pumilus* 품종의 하나인데 형광색을 보는 듯한 화려한 색상이 관상가치가 높습니다.

입술 모양의 꽃은 수상꽃차례로 달리고 늦여름에서 초가을 사이에 피는데 꽃의 모양은 방아풀류의 꽃과 비슷합니다.

콜레우스를 가정에서 키울 때는 현관이나 거실 등에 두어 냄새를 제거하거나 화려한 잎으로 활기찬 분위기를 연출할 수 있습니다. 사무실에서는 회사 앞 화단에서 심어도 관상가치가 돋보입니다. 고온을 유지하는 것이 좋으며 햇빛에 노출시킬수록 무늬가 더욱 예뻐집니다. 주방에서 키울 때는 걸이분이 좋습니다.

콜레우스 푸밀루스(*C. pumilus*)

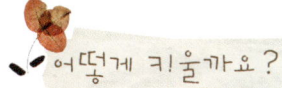 어떻게 키울까요?

햇빛, 반음지, 밝은 그늘을 가리지 않고 잘 자랍니다. 월동 가능 온도는 10도 내외이며 추위만 피한다면 다른 식물에 비해 유지관리에 신경 쓰지 않아도 됩니다. 물은 보통으로 관수합니다. 번식은 꺾꽂이와 종자 번식이 잘되는데, 종자의 경우 씨앗을 뿌리면 2주 뒤에 발아합니다.

 10℃ 이상에서 월동 가능

양지, 반양지, 반음지

 흙이 마르면 관수

26 작게 키울수록 예쁜
피토니아
Fittonia verschaffeltii

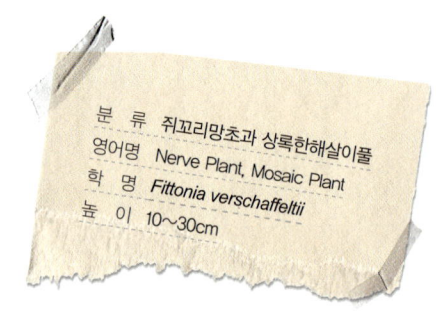

분 류 쥐꼬리망초과 상록한해살이풀
영어명 Nerve Plant, Mosaic Plant
학 명 Fittonia verschaffeltii
높 이 10~30cm

피토니아 품종의 하나

남미 안데스산맥의 열대우림지역이 원산지인 피토니아는 잎을 보기 위해 기르는 관엽식물입니다. 잎은 마주나며, 색상이 다양하고 땅을 기는 듯 자랍니다. 잎 표면에는 그물 무늬가 발달해 있고 약간 쭈글쭈글합니다. 꽃은 수상꽃차례로 달리며, 흰색이거나 노란색이고 눈에 잘 띄지 않습니다.

알려진 품종으로는 붉은색 잎이 특징인 피토니아 베르샤펠티-*F. verschaffeltii*, 녹색 잎에 흰줄무늬가 있는 피토니아 아르지로네우라 -*F.v. var argyroneura*, 피토니아 알비베니스-*F. albivenis* 등이 있습니다.

공기정화 포인트

직사광선을 싫어하고 밝은 음지에서 잘 자랍니다. 성장 권장 온도는 15~22도이며 추위에는 약한 편이므로 따뜻한 공간에서 키우면 좋습니다. 물을 미온수를 보통으로 공급하데 흙의 보습성을 유지해주어야 하며 분무기를 사용할 필요는 없습니다. 번식은 연한 줄기를 꺾어 심거나, 포기나누기로 진행합니다.

어떻게 키울까요?

실내 공기중 휘발성물질과 각종 냄새를 제거할 수 있습니다. 접시형 화분에 키우거나 걸이분으로 키울 수 있고, 다른 공기정화식물과 함께 키울 수 있습니다. 비교적 쉽게 기를 수 있지만 잎이 큰 종은 기르기 까다로운 편입니다. 가정에서는 거실, 주방, 신발장 등에 걸이분으로 키우거나 테라리움으로 기르면 좋습니다.

Hypoestes phyllostachya

물방울무늬를 닮은 관엽식물
하이포테스히포

분 류   쥐꼬리망초과 상록여러해살이풀
영어명   polka dot plant
학 명   *Hypoestes phyllostachya*
높 이   30~60cm

    곤충이나 파충류의 등무늬처럼 생긴 하이포테스는 마다가스카르, 아시아 동남부가 원산지로 비주얼한 잎색 때문에 최근 국내는 물론 외국에서도 큰 인기를 얻고 있는 관엽식물입니다.

잎 전체에 다양한 얼룩이 옷감의 먹방울처럼 퍼져있으며, 이 먹방울은 광량에 따라 조금씩 색상이 변합니다. 꽃은 계절에 관계없이 수시로 피며, 라일락 향이 납니다. 식물체에는 독성 성분이 있으므로 꽃과 잎을 함부로 섭취할 수는 없습니다.

1년 정도 키우면 크게 자라면서 호리호리해지는데 이때 전초가 빈약해 보일 수도 있습니다. 이런 증상은 빛이 부족해서 발생하는 것이므로 반쯤 차광한 햇빛에 장시간 노출시키고, 30cm 이상 자랄 때에는 무조건 가지치기를 하여 빈약해 보이는 것을 막는 것이 좋습니다.

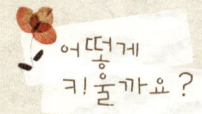

반음지에서 키우는 것이 좋고, 권장 생육 온도는 18~24도이며 월동 가능 온도는 10도 내외입니다. 수분은 4~6일 간격으로 흠뻑 주고 가끔씩 분무기로 뿌려줍니다. 번식은 꺾꽂이, 종자로 합니다.

화장실에 좋은
공기정화식물

가정의 화장실은 가족이 공동으로 사용하는 공간으로
각종 냄새와 암모니아가 많이 발생합니다. 암모니아 제거에 우수한
안스리움이나 싱고니움, 우리나라 식물인 남천 등을
화장실 입구에 두면 효과적입니다.

꽃보다 불염포가 더 아름다운 안스리움
쓰임새가 다양한 에코 플랜트 맥문동
풍성한 잎으로 공기정화 효과까지 보스턴고사리
걸이분으로 잘 어울리는 초록빛 열대식물 싱고니움
우리나라 자생식물 남천

27
꽃보다 불염포가 더 아름다운
안스리움
anthurium andraeanum

NASA 추천 공기정화식물 40위
분 류 천남성과 열대식물
영어명 anthurium, Flamingo Flower
학 명 *anthurium andraeanum*
높 이 40cm~1m

안스리움은 콜롬비아, 에콰도르 같은 남미 열대지역의 해발 400~1300m 고도 사이에서 자생하는 열대식물입니다. 하트 모양의 잎은 어두운 녹색이거나 혁질의 초록색이고, 육수꽃차례의 꽃은 주홍색, 흰색이거나 노란색의 불염포에 쌓여 있습니다. 특히 꽃과 꽃처럼 보이는 아름다운 불염포는 고온다습한 열대 환경을 조성해주면 오랫동안 감상할 수 있습니다.

공기정화 포인트

실내 공기중 포름알데히드, 크실렌, 톨루엔을 제거하고 악취의 원인이 되는 암모니아 제거에 특히 우수합니다. 전자파 등 유해물질이 발생하는 사무기기 주변이나, 새로 이사 간 집의 새집증후군 예방, 악취가 날 수 있는 화장실 등에 좋습니다. 좋은 환경에서는 오랫동안 꽃을 감상할 수 있어서 관상가치가 있습니다. 우리나라 환경에서는 보통 30~40cm 안팎으로 자라지만 열대지방에서는 1m까지 자라기도 합니다.

화장실에 좋은
공기정화식물

중남미 콜롬비아, 파나마, 멕시코, 에콰도르, 브라질, 아르헨티나 등이 원산지인 안스리움은 세계적으로 약 1천여종의 유사종이 있습니다. 높은 인기 때문에 하와이에서는 안스리움 재배산업이 예로부터 발달했는데 이 산업이 한창일 때는 전 세계에 3천만주의 안스리움을 하와이에서 공급하기도 하였답니다.

아름다운 자태의 꽃은 전초에 아린 맛의 옥살산칼륨이라는 독성이 있습니다. 이 성분은 꽃과 잎을 맨 손으로 만질 때 피부염을 일으킬 수도 있고, 꽃과 잎을 함부로 섭취하면 입안 통증과 복통을 일으키기도 한답니다. 따라서 어린이가 있는 가정에서는 안스리움을 아이들의 손이 닿지 않은 곳에 올려놓고 키워야 합니다.

안스리움을 가정에서 키울 때는 가급적 빛이 많이 들어오는 창가나 베란다에서 축축하고 따뜻한 열대 환경을 만든 뒤 키우는 것이 좋습니다. 만일 직사광선에서 장시간 노출시키면 안스리움의 잎이 변형될 수도 있습니다. 참고로, 학명에서 안스리움-Anthurium이란 단어는 '꼬리꽃'을 뜻합니다.

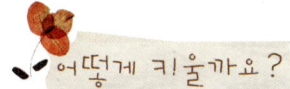

통풍이 좋은 고온다습한 환경을 좋아합니다. 햇빛이 잘 들어오는 장소 혹은 반그늘에서 고온다습한 열대환경을 만들어 키웁니다. 겉흙이 마르면 바로 수분을 공급해야 하며, 건조한 날씨가 계속될 경우엔 분무기로 물을 뿌려주되, 화분은 물빠짐이 좋아야 합니다. 25~35도의 온도, 70~90%의 습도가 최적의 성장조건입니다. 겨울철에 월동을 하려면 최소 영상 15도, 가급적 영상 20도 이상을 유지해야 합니다. 고온다습한 환경 때문에 달팽이나 굼벵이 등이 생기면 바로 제거하고, 응애가 발생하지 않도록 잎을 잘 닦아줍니다. 봄에 뿌리줄기를 나누어 심으면 번식할 수 있습니다.

섭씨 25~35℃ 최적
겨울 12~15℃ 이상

반양지, 반음지

물을 좋아하나 과습주의

28
쓰임새가 다양한 에코 플랜트
맥문동
Liriope spicata

NASA 추천 공기정화식물 36위
분　류　백합과 상록여러해살이풀
영어명　Lily turf
학　명　*Liriope spicata*
높　이　50cm

미항공우주국-NASA이 추천하는 공기정화식물 가운데 동아시아 원산지 식물로는 난초류와 철쭉류, 그리고 맥문동이 있습니다. 이 3가지 식물 중 맥문동은 도시공원에서 흔히 볼 수 있는 식물로 동양의 한방에서도 빼놓을 수 없는 약초 중 하나입니다.

한국, 일본, 중국, 대만, 베트남 등에서 자생하는 맥문동은 음지에서 잘 자라며 잎이 넓고 때때로 잎줄기가 높이 50cm까지 성장합니다. 잎은 땅 속 짧고 굵은 뿌리줄기에서 뭉쳐 올라오는데 긴 줄처럼 생겼고 납작하고 광택이 있으며 밑 부분에 잎집이 있습니다.

공기정화 포인트

실내 공기중 포름알데히드 제거에 효과적이고 특히 암모니아 흡수 능력이 탁월합니다. 또한 가정에서 조류, 파충류, 곤충 등을 애완동물로 키울 경우 암모니아가 발생하는데 이때 맥문동을 함께 기르면 좋습니다. 또한 아파트 베란다 그늘을 이용해 인테리어 장식용이나 관상용으로 키우는 것도 좋습니다.

화장실에 좋은
공기정화식물

자줏빛의 꽃은 늦봄부터 초여름 사이에 수상꽃차례로 피고, 흰색 꽃이 피는 것은 개맥문동이라고 합니다. 잎맥 수로 두 식물을 구분할 수도 있는데 잎맥 수가 11~15개이면 맥문동, 잎맥 수가 7~11개이면 개맥문동입니다.

무더운 여름이 되면 서서히 꽃이 지고 그 자리에는 둥근 열매가 열립니다. 처음에는 녹색이었다가 점점 검정색으로 익게 되고 열매가 완전히 성숙하면 과피가 저절로 터지면서 씨앗이 노출됩니다.

1 맥문동의 꽃 2 흰색으로 꽃이 피는 개맥문동
3 맥문동의 열매 4 무늬맥문동 품종

주로 도시공원의 경계면, 화단, 큰 나무 아래 지피식물로 심으면 꽃이 필 때 특히 아름답습니다. 도시공원에서 만나는 맥문동이 아닌 깨끗한 환경에서 재배된 맥문동은 약용으로 많이 사용되어 동의보감과 중국의 각종 한의약서에 그 효과가 기록되어 있습니다.

맥문동에서 약용할 수 있는 부분은 땅속 덩이뿌리인데 사포닌과 세린 등의 유효성분이 다량 함유돼 있어 강장, 항균, 변비에 효능이 있습니다. 보통 9~10월에 채취한 뒤 잘 말린 후 달여 먹으면 됩니다. 그 외에도 다양한 효능이 많아 각종 한약재를 제조할 때 많이 사용합니다.

반음지 또는 음지를 좋아하지만 햇빛 아래에서도 성장이 양호합니다. 물빠짐이 좋은 토양에서 물은 보통으로 관수합니다. 수분은 약간 축축한 환경과 건조한 환경을 구분하지 않고 잘 자랍니다. 추위에도 강해 큰 나무 밑의 지피식물로도 안성맞춤이며 이 때문에 도시공원의 큰 나무 밑이나 화단 경계면에 흔히 볼 수 있습니다. 번식은 포기나누기와 종자 번식이 가능하며, 종자 번식은 가을에 채집한 씨앗을 이듬해 봄에 뿌리면 2개월 뒤 발아합니다.

 섭씨 15~25°C 최적   반음지   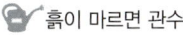 흙이 마르면 관수

29
풍성한 잎으로 공기정화 효과까지
보스턴고사리
Nephroiepis exaltata Bostoniensis"

NASA 추천 공기정화식물 9위
분 류 고사리과 양치식물
영어명 Boston Fern
학 명 *Nephroiepis exaltata Bostoniensis"*
높 이 60~90cm

보스턴고사리는 미국 플로리다 습지에서 발견된 고사리가 기본종으로 이들 종은 남미, 멕시코, 중앙아메리카, 서인도제도, 폴리네시아, 아프리카 등 열대지방에서 자생합니다. 1896년 필라델피아에서 보스턴으로 'Nephroiepis exaltata'라는 고사리를 보냈는데 그때 발견된 변종을 육성하였다 하여 보스턴고사리라고 불립니다. 보스턴고사리는 키우기는 물론, 독성도 없는데다가 풍성한 잎을 보고 있노라면 영화 〈아바타〉에 나오는 판도라행성의 울창한 숲 속에 지천으로 깔린 거대한 고사리류 식물들을 연상케 합니다.

아치형의 아름다운 잎은 예로부터 정원 식물뿐만 아니라 현재는 공기정화능력까지 갖춘 실내식물로도 각광을 받고 있습니다.

공기정화 포인트

대부분의 식물이 공기를 정화하는 능력을 갖추고 있지만 특히 잎이 많거나 넓으며 얇은 것일수록 공기정화 능력이 탁월합니다. 보스턴고사리는 이러한 조건을 잘 갖추고 있어 흡연 장소나 카펫이 깔린 응접실, 새로 산 목재가구, 합판류, 인테리어를 새로 했을 때, 주방에서 가스불이 연소할 때 발생하는 공기 중의 오염물질 제거에 효과적입니다.

화장실에 좋은
공기정화식물

보스턴고사리의 유사종으로는 노란색 잎의 '골든 보스턴고사리', 우상복엽의 'Hillii 고사리' 등이 있습니다.

사무실에서 키울 때는 통풍이 잘되는 반그늘이나 그늘에서 키우고, 물은 2~3일에 한번씩, 공중습도를 유지하기 위해 분무기로 자주 뿌려줍니다. 갈색 잎은 바로 잘라주어도 새 잎이 쑥쑥 다시 자라며, 가정에서는 욕실이나 주방에서 걸이형 바구니로 키우거나 응접실에서 키우면 풍취가 좋은데 가급적 다습한 장소에서 키웁니다. 정원에서는 큰 나무 밑 햇빛이 거의 들어오지 않는 곳에 식재하면 자연스럽게 번식하는데, 기온이 영상 10도 이하로 떨어지면 다른 고사리류와 마찬가지로 잎이 시들고 죽습니다.

1 보스턴고사리 잎
2 걸이분으로 키우는 보스턴고사리

 **런너번식이란?**

땅을 기는 줄기가 땅과 접촉을 하면 새 뿌리와 줄기가 올라오는데 이를 런너번식이라고 하고, 딸기류가 런너번식을 합니다. 새 뿌리와 줄기가 생기면 떼어내 다른 화분에 심을 수 있습니다.

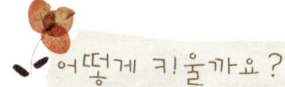

직사광선보다는 반그늘이나 그늘에서 키우는 것이 더 좋으며 권장 생육 온도는 18~24도입니다. 수분은 겉흙이 촉촉하도록 충분히 공급하거나 분무를 많이 해주어야 하지만 물에 흠뻑 젖은 상태로는 키울 수 없습니다. 보통 욕실에서 키우는 것이 좋은데 화분용 배합토에서 물을 충분히 주거나 수경재배로 키우는 것을 생각해봅니다. 번식은 런너번식*에 의해 새로운 뿌리와 줄기가 생기면 나누어 심습니다. 화원에서 구입할 때는 '보스턴고사리'라고 말하면 구할 수 있습니다.

섭씨 18~24℃ 권장
겨울 7~13℃ 유지

 반음지, 음지

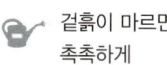 겉흙이 마르면
촉촉하게

30

걸이분으로 잘 어울리는
초록빛 열대식물

싱고니움

Syngonium podophyllum

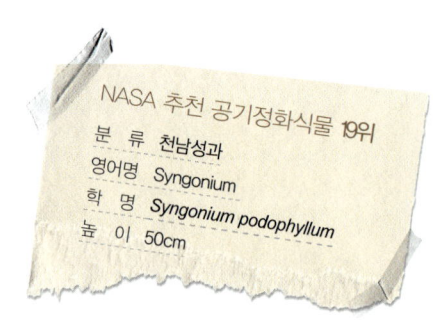

NASA 추천 공기정화식물 19위
- 분 류 천남성과
- 영어명 Syngonium
- 학 명 Syngonium podophyllum
- 높 이 50cm

화살촉 모양의 잎을 가진 싱고니움은 누구나 쉽게 기를 수 있는 요긴한 공기정화식물입니다. 어느 장소에서든 매력을 발휘하기 때문에 화단, 암석정원, 사무실, 수경재배 등 다양한 방식으로 키울 수 있습니다.

세계적으로 약 36종이 있는 싱고니움의 원산지는 멕시코에서 중남미 사이의 열대우림지역입니다. 마이클 더글라스와 캐서린 터너가 등장했던 1984년작 〈로맨싱 스톤〉이란 영화를 보면 콜롬비아의 열대우림지역에서 보물찾기 놀이를 하는데, 그 열대우림속의 키 큰 나무 밑에는 싱고니움이 자라고 있었을 것입니다.

공기정화 포인트

실내 공기중 암모니아와 포름알데히드를 제거할 수 있고 모니터나 스크린에서 나오는 전자파로 인해 나타나는 두통, 시각장애 등의 VDT증후군 개선에 효과가 있습니다. 가정에서는 욕실, 사무실에서는 사무기기, 모니터, 책상에 작은 분화나 걸이분으로 키웁니다. 베란다에서 키울 때는 가급적 응달쪽에서 키우는 것이 좋고, 쇼핑몰 실내 화단의 지피식물로 기를 때는 다양한 무늬의 품종을 배열하여 심는 것이 좋습니다. 환경이 좋으면 덩굴성으로 지주대를 타고 올라갑니다.

싱고니움의 잎줄기는 30cm 내외로 자랍니다. 잎은 처음에는 긴 화살촉 모양이었다가 점점 성장하면서 여러 갈래로 나뉘어져 별 모양이 되기도 합니다. 잎은 반점이 없거나 은색, 흰색, 노란색 반점이 있으며, 꽃은 줄기 사이에서 육수꽃차례로 달리는데 그리 매력적으로 보이지는 않습니다.

싱고니움은 열대우림지역 태생답게 물을 많이 먹고 습기를 매우 좋아합니다. 가정에서 키울 때는 분무기로 물을 뿌려 공중습도를 높여주면 더욱 잘 성장합니다. 앙증맞은 잎 모양이 얼핏 보면 시금치 같아보이기도 하지만, Calcium oxalate crystals이라는 독성이 있으므로 함부로 섭취할 수 없습니다. 잎은 그늘에서는 녹색이었다가 햇빛을 많이 받으면 흰색 얼룩이 생깁니다.

1 싱고니움 Pixie 품종
2 싱고니움 알보비렌스 품종

영미권에서는 잎의 모양이 화살촉을 닮았다 하여 'A-rrowhead Vine'이라고 부릅니다. 다른 지역에서는 이 식물의 잎 모양이 거위발과 비슷하다 하여 'Goosefoot'이라고 부르기도 하니, 식물을 보는 눈은 지역에 따라 다른가 봅니다.

화분에서 키우는 싱고니움은 보통 50cm 내외로 자라지만, 열대우림지역에서 자생하는 싱고니움은 큰 나무를 타고 5~20m 길이로 올라가는 덩굴성 식물입니다. 가정에서 덩굴로 자라는 것이 싫다면 덩굴 줄기에서 마디가 생성될 때마다 그 부분을 가위로 잘라주어야 합니다.

반양지 또는 음지성이 강한 식물입니다. 월동 가능 온도는 13~16도이고, 배수가 잘 되는 비옥질의 토양에서 잘 자라며, 물은 주 1회 촉촉한 상태가 되도록 관리합니다. 수분을 제대로 공급하지 않으면 각종 응애나 진딧물이 발생할 수 있으므로 공중습도가 낮을 때는 수시로 물을 분무해줍니다. 비료는 2개월에 한번 공급합니다. 줄기를 꺾어 삽목해도 번식이 잘 되는 편입니다.

섭씨 20~25℃ 권장
겨울 13~16℃ 이상

반양지, 반음지

7~9일에 한번

31 우리나라 자생식물
남천
Nandina domestica Thunb

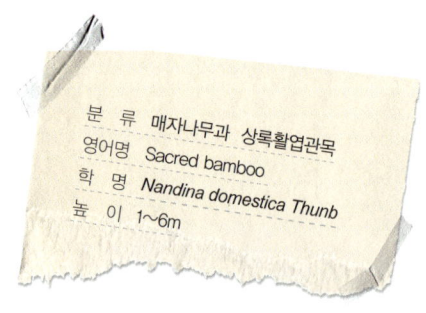

분 류 매자나무과 상록활엽관목
영어명 Sacred bamboo
학 명 *Nandina domestica Thunb*
높 이 1~6m

남천은 중국, 일본, 인도가 원산지이며 반음지에서 잘 자랍니다. 잎, 꽃, 열매 모두 관상가치가 충분하지만 야외에서 키운 남천은 줄기가 늘어지면서 제멋대로 자라는 경향이 있고, 실내에서 키운 남천은 가지치기를 잘하면 누구나 예쁘게 키울 수 있습니다. 추위에는 약하므로 남부지방에서는 노지에서, 중부지방에서는 실내에서 키워야 합니다.

잎은 길이 30~50cm이고 어긋나고 약간 두툼하고 3회우상복엽으로 달립니다. 작은 잎은 길이 3~10cm 내외이고 타원에 가까운 피침형이고 톱니가 없습니다. 잎은 비교적 늦가을까지 녹색으로 유지되다가 뒤늦게 단풍으로 물듭니다.

공기정화 포인트

포름알데히드와 암모니아를 제거하는 효과가 있습니다. 가정에서 키울 때는 베란다나 주방이 좋으며, 사무실에서는 창가나 빛이 잘 들어오는 화장실 입구가 적당합니다.

화장실에 좋은
공기정화식물

꽃은 흰색이며 6~7월에 피는데 길이 20~30cm의 원추꽃차례로 치렁치렁 달립니다. 꽃잎은 6장이고 수술도 6개, 암술대는 1개, 꽃밥은 노란색입니다.

열매는 구형으로 10월경부터 붉은색으로 익는데 꽃과 마찬가지로 콩알 같은 열매가 다발로 달려 새들의 좋은 먹이가 됩니다.

학설에는 남천나무에 사이안화수소산-hydrocyanic acid(청산)과 Nandenine이라는 독성 성분이 함유되어 있다고 합니다. 가정에서 키울 때 어린 자녀가 열매를 따먹지 않도록 하는 것이 좋은데 민간에서는 열매와 잎을 식용한 기록이 있습니다. 예를 들어 Nandenine의 경우 모르핀과 유사한 작용을 하므로 한방은 물론 현대의학에서도 생약으로 활용하는 연구가 활발히 전개되고 있습니다.

한방에서는 잘 말린 열매를 남천죽자-南天竹子라고 하여 천식, 백일해, 눈을 밝게 하는 약으로 사용합니다. 잎은 나력, 말라리아, 타박상, 혈뇨에 사용하고 뿌리는 거풍, 두통, 구토 약으로 사용합니다.

1 남천 열매
2 남천 꽃   3 야생에서의 남천

반양지나 밝은 음지에서 잘 자랍니다. 물빠짐이 좋은 비옥한 사질양토에서 수분은 보통으로 공급합니다. 번식은 과육을 제거한 씨앗을 봄에 파종하며 1년 뒤 발아합니다. 꺾꽂이는 봄, 여름, 늦가을에 실시합니다.

섭씨 15~25℃ 최적
겨울 0℃ 이상

 반양지, 반음지

 일주일에 1회

Part 07

아파트 베란다의 공기정화식물

베란다는 창문을 통해 외부의 휘발성유해물질이 들어오는
통로가 됩니다. 외부 유해물질을 흡수하는 식물과 햇볕을 좋아하는
양지, 반양지 식물, 꽃이 예쁜 국화과 식물을 키우면 좋은데,
알로에베라나 아잘레아, 디펜바키아 카밀라, 털머위 등이 그것입니다.

벨기에서 온 서양철쭉 아잘레아
매력적인 잎을 가진 마리안느 디펜바키아 카밀라
화장품 원료로 쓰이는 알로에 베라
우리나라 특산식물 황칠나무
향기와 습도조절 능력이 뛰어난 붓순나무
포름알데히드 먹는 토종 식물 털머위

32
벨기에에서 온 서양철쭉
아잘레아
Rhododendron simsii "Compacta"

NASA 추천 공기정화식물 43위
분　류 진달래과 상록/반상록관목
영어명 Dwarf azalea
학　명 *Rhododendron simsii "Compacta"*
높 이 1.2m

아잘레아는 동양철쭉들을 벨기에에서 육성한 뒤 보급한 서양철쭉들을 말합니다. 대개 중국산 로도덴드론 심시–*R. simsii*, 영산홍류와 로도덴드론 레디폴리움–*R. ledifolium*, 흰철쭉류을 교배해 만든 아잘레아와 로도덴드론 인디쿰–*R. indicum*, 영산홍류을 발전시킨 아잘레아로 나눌 수 있습니다. 생김새는 꽃에 두세 가지 색이 혼합된 품종과 영산홍처럼 진홍색 등의 단색 꽃이 피는 품종이 있습니다.

아잘레아는 진달래속에 속하는 식물들인 진달래, 철쭉, 만병초 중에서 진달래와 철쭉류를 지칭하지만 여기서 설명하는 아잘레아는 가정에서 키우기 쉽도록 개발된 서양철쭉을 의미하며, 미국아잘레아협회–Azalea Society of America에 따르면 세계적으로 진달래속에 속하는 식물들은 약 1만종이고 이 가운데 아잘레아라고 불리는 서양 원예종 철쭉은 1천종이 넘는다고 합니다. 따라서 진달래와 철쭉, 그리고 원예종 서양철쭉 품종을 일일이 구분하는 것은 사실상 불가능할 수도 있습니다.

 공기정화 포인트

실내 공기중 암모니아와 포름알데히드를 제거할 수 있습니다. 가정에서는 베란다에 암석정원을 꾸미고 기르면 이른 봄에 제법 큼직한 예쁜 꽃송이를 볼 수 있습니다. 참고로 봄 기온이 오르면 꽃은 차츰 시들어 버립니다.

아잘레아라고 불리는 서양 원예종 철쭉들은 우리나라 진달래와 철쭉처럼 이른 봄에 꽃을 피웁니다. 세계적으로는 포인세티아, 난초와 함께 3대 인기 식물이며 최근 보급되는 원예종은 추위에 강하고 미니 아잘레아 같은 다양한 품종이 보급되고 있습니다.

아잘레아는 원래 벨기에서 육성된 철쭉품종들을 말하지만 미국, 네덜란드, 대만, 일본 등 많은 국가에서 새 품종을 출시하면서 여러 신품종들이 많이 생겨났으며 국가별 품종에 따라 키울 수 있는 환경, 월동 가능 온도, 꽃피는 기간도 조금씩 다릅니다.

꽃은 품종에 따라 다르지만 이전해 여름~겨울 사이에 꽃봉오리가 생긴 뒤 이듬해 봄에 1~2개월 동안 개화합니다.

1 아잘레아 방울 품종
2 아잘레아 캘리포니아 품종
3 아잘레아 태양 품종

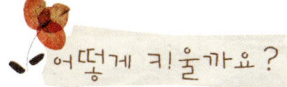

햇빛 또는 반음지에서 잘 자라지만 여름에는 햇빛을 40% 정도 차광하는 것이 좋습니다. 월동 가능 온도는 -5도입니다. 배수가 잘 되는 토양에서 물은 보통으로 관수하며 때때로 분무기로 습기를 보충하지만 꽃이 달려있을 때는 분무기를 사용하지 않습니다. 번식은 금년에 자란 줄기를 5cm 크기로 잘라 심으면 잘 됩니다.

섭씨 13~20℃ 최적
겨울 5~10℃ 이상

흙이 마르면 관수

반음지

33

매력적인 잎을 가진 마리안느
디펜바키아 카밀라
Dieffenbachia Camilla

> NASA 추천 공기정화식물 28위
> 분 류 천남성과 여러해살이풀
> 영어명 Dumb cane
> 학 명 *Dieffenbachia Camilla*
> 높 이 50cm

디펜바키아 카밀라는 우리나라에서 유통될 때 '마리안느' 혹은 '디펜바키아'라는 이름으로 유통됩니다. 그런데 디펜바키아속에는 디펜바키아 마리안느-*Dieffenbachia Marianne*라는 학명이 있어 카밀라와 헷갈리는 경우가 많은데 둘의 모습은 거의 흡사합니다. 화원에서는 보통 금색이 강하면 디펜바키아 카밀라로 여기는데 이와 달리 잎의 흰색 범위 크기로 구분하는 화원도 있습니다. 요즘은 디펜바키아 카밀라, 디펜바키아 마리안느 외에도 '디펜바키아 트로픽 마리안느-*Dieffenbachia Tropic Marianne*'가 많은 인기를 얻고 있으므로 '마리안느'를 달라고 하면 대개 '디펜바키아 카밀라' 혹은 '디펜바키아 트로픽 마리안느'라고 생각해도 무방합니다.

3품종 모두 비슷한 형태의 금색(흰색) 무늬를 가지고 있지만 디펜바키아 카밀라는 흰색 범위가 상대적으로 작으므로 사진에 비해 흰색 범위가 확실히 작다면 디펜바키아 카밀라로 판단하는 것이 정확한 구별법이 됩니다.

공기정화 포인트

디펜바키아 식물들은 타일이나 접착제, 페인트 등에서 나오는 톨루엔과 키실렌 제거에 효과가 있습니다. 또한 수려한 잎을 보기 위해 키우는 대표적인 관엽식물입니다. 줄기를 꺾으면 수액에 옥살산칼슘이라는 유해성분이 있어 함부로 섭취하면 목이 붓는 증세가 나타나므로 주의해야 합니다.

아파트 베란다의
공기정화식물

이들 3개 품종과 확연히 구분되는 것은 디펜바키아 콤팩타인데, 디펜바키아 콤팩타는 디펜바키아 안나와 비슷하고 화원에서 유통될 때도 '안나'라는 이름으로 유통되기도 합니다.

매력적인 잎은 마치 꽃이라도 핀 것 마냥 화려한 자태를 뽐내는 것이 특징입니다. 특히 무늬가 돋보이는 넓은 잎은 활발한 증산작용을 통해 공기 중의 수분을 보충해줍니다.

디펜바키아 품종

디펜바키아는 반양지성 식물이므로 직사광선보다는 간접광선에서 키우는 것이 좋고 너무 그늘에서 키우면 잎의 무늬 색이 옅어질 수도 있습니다. 월동 가능 온도는 5~10도 내외입니다. 물은 흙을 꾹 눌러 많이 건조하다고 느껴질 때 흠뻑 공급합니다. 다습한 환경을 좋아하므로 겨울철 난방기를 가동할 때는 가끔씩 분무기로 물을 뿌려줍니다. 번식은 포기나누기 또는 줄기를 꺾어 삽목하는데 줄기를 꺾어 삽목할 때는 장갑을 끼고 작업합니다. 꽃은 겨울철에 15도 정도 되는 공간에서 몇 개월 정도 두면 자연스럽게 핍니다.

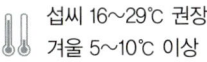 섭씨 16~29℃ 권장
겨울 5~10℃ 이상

 반음지, 반양지

 흙이 마르면 흠뻑

101

34 화장품 원료로 쓰이는
알로에 베라
Aloe barbadensis

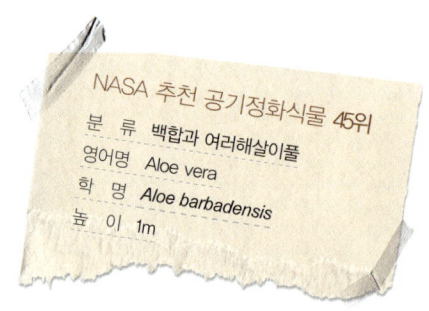

NASA 추천 공기정화식물 45위
분 류 백합과 여러해살이풀
영어명 Aloe vera
학 명 Aloe barbadensis
높 이 1m

알로에 베라는 전세계 약 400종의 유사종이 있으며 원산지는 아프리카 북부의 알제리, 모로코, 튀니지, 카나리아제도, 베르데 케이프 등입니다. 역사적으로는 1700년대에 유럽, 인도, 중국에 보급된 것으로 추정됩니다.

알로에 베라 품종 중 약으로 사용하는 품종은 대여섯 종인데 주로 껍질 속에 있는 수액을 약으로 사용합니다. 이 수액은 당뇨, 하제, 건위제, 월경 촉진, 상처, 피부암, 염증, 변비 등에 효능이 있고 관장제로도 사용하며, 수액을 몸에 발라 모기를 퇴치할 때도 사용합니다. 수액의 효능은 크게 항생 기능과 살균 기능이 혼재되어 있으므로 화장품 산업에서는 매우 중요한 원료이기도 합니다.

알로에 마쿠라타

공기정화 포인트

포름알데히드를 제거하고 전자파 차단에 효과가 있습니다. 가정에서 화상을 입었을 때 수액을 바르면 빨리 치유됩니다. 공간을 많이 차지하는 만큼 베란다나 햇빛이 잘 들어오는 거실 한쪽에서 키우고, 작은 크기의 알로에 베라는 공부방의 햇빛이 잘 들어오는 창가에서 키우되 컴퓨터를 사용할 때는 전자파 차단용으로 키웁니다.

아파트 베란다의
공기정화식물

알로에 베라의 줄기는 두툼한 다육질이고 테두리에 깔깔한 톱니와 함께 작은 흰색 이빨이 있습니다. 줄기 색은 밝은 녹색이거나 회녹색이고 줄기 하단과 줄기 뒷면에는 흰색 얼룩이 있습니다. 꽃은 여름에 90cm 높이의 꽃대가 올라온 뒤 피는데 노란색의 통 모양입니다.

기후적으로 사막과 비슷한 건조한 땅에서는 어디서든 잘 자랍니다. 이 때문에 알로에 베라의 수액을 수익화하기 위한 대규모 농장들이 미국, 호주, 쿠바, 도미니카, 멕시코, 중국, 인도, 자메이카, 케냐, 남아프리카 등에 있습니다.

대규모의 농장들은 대개 화장품 재료를 추출할 목적으로 세워졌으므로 알로에 베라가 화장품 산업에서 차지하는 비중은 매우 크다고 할 수 있습니다. 역사적으로는 클레오파트라가 알로에 베라 수액으로 목욕을 했다는 일화가 있으며, 신약성서 요한복음에 알로에 베라의 유사종인 알로에를 장례에 사용한 기록도 나옵니다.

100년을 산다는 알로에 디코토마

식물원 온실의 알로에 베라

And there came also Nicodemus, which at the first came to Jesus by night, and brought a mixture of myrrh and aloes...

일찍 예수께 밤에 나아왔던 니고데모도 몰약-myrrh과 침향-aloes섞은 것을 백 근쯤 가지고 온지라 이에 예수의 시체를 가져다가 유대인의 장례법대로 그 향품과 함께 세마포로 쌌더라.

– 요한복음 19:39~40

103

알로에 베라의 껍질을 벗기면 수액이 젤과 라텍스 두 가지로 구성된 것을 알 수 있습니다. 이 가운데 라텍스라고 불리는 황색 수액은 일부 민감한 사람들에게 피부 트러블을 일으킵니다.

따라서 알로에 베라 수액을 가정에서 사용할 경우에는 껍질과 황색 수액층을 완전히 벗겨내고 젤 부분만 사용할 것을 권유합니다.

미국 FDA에 권고에 의해 화장품 산업에서도 황색 수액층을 제거한 젤 부분만 사용하기로 되어 있습니다.

국내에서도 알로에 베라를 쉽게 구할 수 있는데 모종의 경우 5천원~1만원 내외로 구입이 가능합니다.

1 100년을 산다는 알로에 디코토마
2 식물원 온실의 알로에 베라

어떻게 키울까요?

햇빛을 좋아합니다. 권장 생육 온도는 18~24도이고 월동 가능 온도는 5도 내외입니다. 배수가 잘되는 토양에서 기르며 수분은 15~20일에 한번 흠뻑 주고 겨울에는 한 달에 한번 줍니다. 큰 화분에서 키우면 물 공급이 많아지므로 식물체에 비해 작은 화분에서 키우는 것이 좋으며, 번식은 포기나누기와 삽목으로 합니다.

 섭씨 18~24℃ 최적
겨울 5℃ 이상

 양지

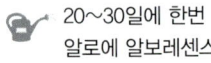 20~30일에 한번
알로에 알보레센스

미니정원에 잘 어울리는 아프리카 봉선화
임파첸스

분 류 봉선화과 한해살이풀
영어명 Impatiens
학 명 *Impatiens L.*
높 이 15~30cm

　　임파첸스는 세계적으로 약 1천여 종이 분포하고 있으며 국내에서는 '봉선화'와 '물봉선'이 임파첸스와 비슷한 종에 해당합니다. 지구 북반부와 열대지방에 분포하는 임파첸스 중 국내에서 가장 많이 유통되는 임파첸스는 흔히 '아프리카 봉선화'라고 불리는 꽃이며 학명은 *Impatiens walleriana*, 원산지는 아프리카 탄자니아와 모잠비크입니다.

　　임파첸스는 미국과 유럽에서 'touch-me-not'이라는 이름으로 불리는데 성숙한 열매를 건들면 툭 터지기 때문에 붙여진 이름입니다.

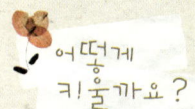

임파첸스를 키우려면 반양지나 반음지가 좋습니다. 물은 2~3일에 한번 관수합니다. 꽃은 6월경부터 서리가 내리기 전 사이에 피지만 원예종이 많아 최근에는 4월부터 꽃을 볼 수 있고, 꽃의 색상도 분홍색, 빨간색, 자주색, 오렌지색, 흰색 등 다양하게 있습니다. 월동 가능 온도는 2~3도이므로 남부지방에서는 화단 식물로도 키울 수 있습니다. 번식은 꺾꽂이, 종자로 합니다.

35 우리나라 특산식물
황칠나무
Dendropanax morbiferus H.Lev.

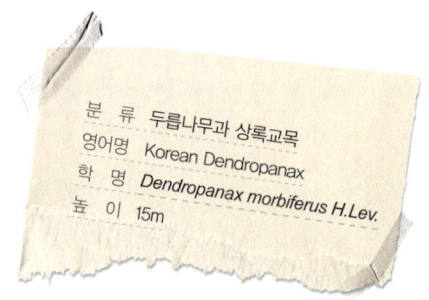

분 류 두릅나무과 상록교목
영어명 Korean Dendropanax
학 명 *Dendropanax morbiferus H.Lev.*
높 이 15m

노지의 황칠나무

두릅나무과의 황칠나무는 남부지방이 원산지인 우리나라 특산식물로 높이 15m 내외로 자랍니다. 세계적으로 약 70종의 유사종이 있습니다.

잎은 길이 10~20cm이며 줄기에서 어긋나는데 잎 모양은 난형이거나 톱니가 3~5개로 깊게 갈라지며 잎자루 길이는 3~10cm입니다. 같은 나무에서 잎 모양이 서로 다르게 달리기 때문에 관상가치가 높으며, 잎은 광택이 있어 햇빛이 반짝일 때 더욱 빛을 냅니다.

꽃은 6월경 산형꽃차례로 달리며 백록색에, 꽃받침은 끝이 5개로 갈라집니다. 열매는 꽃이 진 부분에 둥근 모양으로 달려 10월경 검정색으로 익습니다.

수피에 상처를 내면 노란색 수액이 나오는데 예로부터 이 수액을 가구 도료로 사용했기 때문에 황칠나무라는 이름이 붙었습니다. 이 수액은 옻 성분이 있으므로 직접 접촉하지 않는 것이 좋습니다.

공기정화 포인트

우리나라 특산식물이며 실내 공기중 포름알데히드를 제거할 수 있습니다. 중부이남에서는 노지에서 월동할 수 있지만 중부이북에서는 베란다의 햇빛이 잘 들어오는 곳에서 키워야 합니다.

1 황칠나무 꽃
2 황칠나무 수피

어떻게 키울까요?

햇빛 또는 반양지에서 잘 자라며 자생종치고는 밝은 그늘에서도 성장이 양호합니다. 비옥한 토양에서 잘 자라고, 추위에 약하고, 수분은 보통으로 공급합니다. 번식은 종자, 꺾꽂이로 하는데 종자는 노지에 매장했다가 이듬해 봄에 파종하고, 꺾꽂이는 3~6월이 좋습니다.

중부지방에서도 잘 가꾸면 월동 가능 | 반음지, 반양지 | 흙이 마르면 관수

36
향기와 습도조절 능력이 뛰어난
붓순나무
Illicium anisatum L.

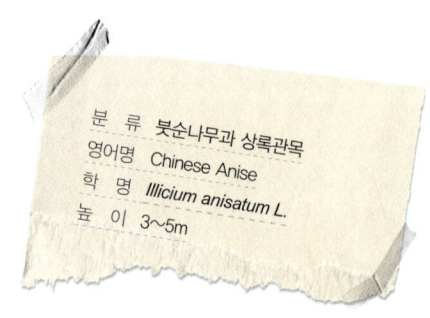

분 류 붓순나무과 상록관목
영어명 Chinese Anise
학 명 *Illicium anisatum L.*
높 이 3~5m

붓순나무는 증산 기능이 매우 뛰어난 키 작은 관목으로 우리나라 남부지방과 일본 등이 원산지입니다. 열매 안 종자에 특히 독성이 많으므로 가정에서 키울 때는 별도 관리해야 하며 베란다 등에서 차광한 상태로 키우는 것이 좋습니다. 붓순나무의 학명은 '유혹'이란 뜻의 '이리시오-illicio'에서 유래되었을 정도로 나무의 꽃은 향이 매우 좋아 사람의 코를 유혹할 정도이고, 백록색의 꽃은 관상가치가 있습니다.

붓순나무의 잎은 줄기에서 어긋나며 긴 타원형의 혁질이고 길이 5~10cm 내외입니다. 잎자루는 0.6~1cm 내외로 잎과 줄기에는 털이 없습니다.

공기정화 포인트

증산작용에 의한 실내 습도 조절 기능이 탁월합니다. 조금 음지성 식물이므로 다소 그늘진 곳에서도 생육이 가능해 실내 식물로 안성맞춤이지만 꽃과 열매를 함부로 따먹지 않도록 해야 합니다. 꽃은 독성 성분이 미약하지만 열매 속의 종자는 독성이 매우 강합니다. 가정에서는 베란다나 밝은 침실에서 키울 수 있습니다.

꽃은 3~4월에 피는데 실내에서 키울 때는 가끔 1~2월에도 꽃이 핍니다. 향기가 매우 강하기 때문에 처음 붓순나무 꽃을 본 사람들은 꽃향기에 도취됩니다.

열매는 9~10월에 성숙하는데 골돌형이며 크기는 2~3cm 내외이고 껍질과 달리 내부 껍질과 종자는 유독성분이 다량 함유되어 있습니다. 이 열매가 청연꽃을 닮았다 하여 붓순나무는 부처님께 받치는 나무로 유명합니다.

중국 민간에서는 예로부터 붓순나무의 수피를 혈액응고제나 피부염증약으로 사용한 기록이 있는데 식물체에 독성 성분이 있기 때문에 먹지 않고 바르는 방식으로 사용합니다. 현재는 붓순나무의 독성 성분 때문에 식용 및 약용이 금지되어 있습니다.

붓순나무의 목재는 염주알, 주판알, 양산대를 만드는 재료로 사용하고, 수피와 잎은 칠기용 향료로 사용합니다. 독성 성분 때문에 식용 향료로는 금지되어 있지만 꽃은 독성이 미약하고 향이 매혹적이기 때문에 호기심에 따먹어보기도 했는데, 시고 쓰고 텁텁한 맛이므로 식용을 권장하지는 않습니다.

1 붓순나무의 꽃
2 붓순나무의 열매

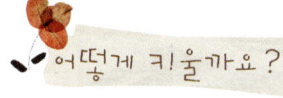

햇빛을 좋아하지만 반음지에서도 잘 자랍니다. 추위에 약해 남부지방에서는 노지 월동을 할 수 있지만 중부지방에서는 실내에서 키워야 합니다. 비옥한 토양을 좋아하며, 수분은 보통으로 관수합니다. 번식은 꺾꽂이와 종자로 합니다. 열매가 부풀어 오르면 터지기 전 수확해서 종자를 빼낸 뒤 축축한 모래와 섞어 저온에서 저장한 뒤 이듬 해 봄에 파종하는데 종자 번식이 매우 잘되는 편입니다. 꺾꽂이는 6~7월경 그 해 자란 가지를 꺾어 심으면 됩니다. 성장 속도는 비교적 느린 편입니다.

중부지방의 경우 실내에서 월동 가능   반음지, 반양지   흙이 마르면 관수

37
포름알데히드 먹는 토종 식물
털머위
Farfugium japonicum

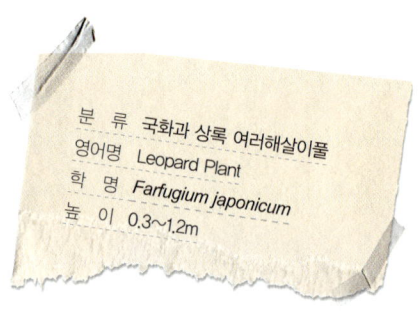

분 류 국화과 상록 여러해살이풀
영어명 Leopard Plant
학 명 *Farfugium japonicum*
높 이 0.3~1.2m

털머위의 꽃

공기정화 포인트

포름알데히드 제거 기능이 매우 뛰어납니다. 공장에서 키울 때는 통풍이 잘되는 실내에 간이 화단을 꾸미고 키울 수 있습니다. 정원에서는 작은 연못을 꾸미고 키우거나 큰 나무 밑에 군집으로 심는 것이 좋습니다. 가정에서 키울 때는 햇빛이 들어오는 창가에서 키우거나 밝은 거실에서 키우되 여름 직사광선은 피해야 합니다.

우리나라 남부지방과 중국, 대만, 일본이 원산지인 털머위는 주로 바닷가 암석 지대나 절벽에서 자생합니다.

짧고 굵은 뿌리에서 긴 잎자루가 있는 잎이 뭉쳐 올라옵니다. 잎은 콩팥 모양으로 표면에 광택이 있고 흰색 혹은 노란색 반점이 있는 것들도 보입니다. 잎 가장자리에는 톱니가 있으며, 잎 뒷면에는 잔털이 있습니다. 잎의 크기는 10~25 cm 내외인데 민달팽이 등이 즐겨 먹습니다. 꽃은 9~10월에 하나의 긴 꽃대가 올라온 뒤 산방꽃차례로 달리는데 암수한몸이고 곤충에 의해 수분합니다. 꽃의 색상은 노란색이고 열매에는 관모가 있습니다.

민간에서는 전초를 해독제나 찜질용 약재로 사용하기도 하는데, 발암성분인 피롤리지딘 알칼로이드-Pyrrolizidine Alkaloids 성분이 있으므로 함부로 섭취할 수 없습니다.

1 털머위 잎
2 흰줄무늬 털머위 잎

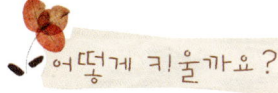

반음지에서 잘 자랍니다. 물빠짐이 좋은 축축한 토양과 비료를 좋아합니다. 수분은 물이 마른 듯 할 때마다 흠뻑 공급하지만 과습하면 뿌리가 썩을 수도 있습니다. 권장 생육 온도는 10~21도이고 월동 가능 온도는 0℃입니다. 번식은 포기나누기 또는 종자로 실시합니다.

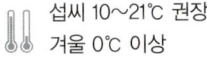 섭씨 10~21℃ 권장
겨울 0℃ 이상

 반음지

 흙이 마르면 관수
흰줄무늬 털머위 잎

유치원, 학교에 좋은 공기정화식물

어린 아이들이 생활하는 유치원이나 공부하는 학교에도
실내식물이 차지하는 중요성이 점차 커지고 있습니다.
독성이 없고 실내 화단에서도 편리하게 키울 수 있으며,
음이온 발생량이 많은 베고니아, 시클라멘, 아나나스, 마삭줄 등을 추천합니다.

역사 깊은 화단식물 베고니아

매력적인 잎을 가진 파인애플 아나나스

농염한 겨울 꽃의 여왕 시클라멘

화분에 키우면 모던한 느낌을 주는 아스플레니움

탐스러운 열매와 일품향의 귤나무

바람개비 닮은 꽃 마삭줄

38 역사 깊은 화단식물
베고니아
Begonia Semperflorens

NASA 추천 공기정화식물 24위
분　류　베고니아과
영어명　Wax begonia
학　명　*Begonia Semperflorens*
높　이　50cm

실내식물 가운데 도로변 화단에서 흔히 볼 수 있는 식물이 베고니아입니다. 그만큼 환경 내성이 강하고 추위에도 강하다는 뜻입니다.

베고니아는 산토도밍고 총독이자 식물애호가였던 프랑스인 미첼 베고-Michel Begon의 이름에서 유래되었습니다. 전세계적으로 1300여종의 유사종과 200여종의 교배종이 있으며 중남미의 브라질, 아프리카, 서남아시아 등의 아열대 지역이 원산지입니다. 역사적으로는 영국 빅토리아 시대부터 실내식물과 화단식물로 각광받았습니다.

공기정화 포인트

실내 공기중 포름알데히드를 특히 잘 제거합니다. 새집증후군이나 인테리어를 새로 했을 때 공기정화 효과가 배가됩니다. 실내식물로 안성맞춤이지만 실외 화단이나 테라스의 장식용 꽃으로도 좋습니다. 정원 화단에 식재할 경우, 서로 다른 색상을 섞어 심거나 고사리류와 함께 심으면 운치가 높아집니다. 식물체에 독성 성분이 없으므로 유치원에서도 키울 수 있습니다.

베고니아는 대륙 간 교배종이 많아 현재는 일정 추위에서도 견딜 수 있는 품종이 나오고 있는데 워낙 종류가 많아 보통 뿌리 모양이나 열매 모양으로 구분합니다.

예를 들어 흔히 보는 초본성 베고니아는 꽃베고니아라고 부르며 주위 화단에서 많이 볼 수 있습니다. 꽃 모양에 따라 홑꽃, 겹꽃, 빨간색, 핑크색, 노란색, 흰색 베고니아를 볼 수 있습니다. 이 가운데 구근성 베고니아가 꽃이 화려하고 더 큽니다.

관엽 베고니아는 꽃보다 잎을 보기 위한 식물인데, 잎의 색상에 따라 짙은 녹색, 마호가니색, 청동색, 빨간색이 있고 다양한 무늬가 있는 종, 잎 테두리에 선이 있는 종으로 나눌 수 있습니다.

빨간색 겹꽃 품종 베고니아

노란색 겹꽃 품종 베고니아

글란디스 베고니아

실버 베고니아

타이거 베고니아

시내 도로변 화단 베고니아

케인 베고니아

베고니아 품종

양지, 반양지, 음지를 가리지 않고 키울 수 있지만 우리 기후에서는 여름 직사광선에서 성장이 더욱 양호합니다. 물빠짐이 좋은 촉촉한 토양에서 잘 자라는데, 실내에서 키울 경우 1~2주마다 2~3잔의 물을 줍니다. 번식은 줄기를 꺾어 삽목하거나 포기를 나누어 심으면 됩니다. 실외에서 키운 베고니아는 겨울 서리가 내리기 전 실내로 옮기는 것이 좋습니다. 환경이 좋으면 몇몇 종을 제외한 대부분의 베고니아가 겨울을 제외한 1년 내내 꽃을 개화합니다.

39
매력적인 잎을 가진 파인애플
아나나스 애크메아 파시아타
Aechmea fasciata

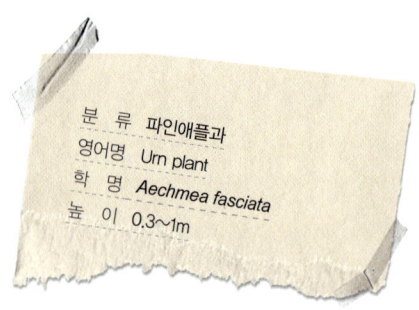

분　류　파인애플과
영어명　Urn plant
학　명　*Aechmea fasciata*
높　이　0.3~1m

▲ 아나나스라고 불리는 식물중 나사 추천 공기정화식물인 애크메아 파시아타

아나나스라고 불리는 애크메아 파시아타-*Aechmea fasciata*는 파인애플과 식물중에서 잎이 가장 아름다운 식물입니다. 대개 파인애플과 식물들은 열매 때문에 키우지만, 아나나스는 잎을 관상할 목적으로 키우는 관엽식물이라 할 수 있습니다. 물론 실내공기정화가 목적이라면 아나나스를 키우거나, 유사한 품종을 키우는 것이 좋지만 자녀들에게 식물에 대한 호기심을 충족시키는 것이라면 과일로 유명한 파인애플을 직접 키워보는 것도 좋습니다.

브라질이나 페루의 열대지방에서 자생하는 애크메아 파시아타가 아나나스로 불리는 이유는 이 식물이 파인애플과에 속한 식물이기 때문입니다. 원래 아나나스-Ananas란 파인애플의 과명에서 따온 이름이며, 원주민들이 사용한 말이라고 합니다.

공기정화 포인트

실내 공기중 포름알데히드를 제거할 수 있습니다. 녹색, 크림색, 회색의 마블이 있는 잎의 관상가치가 매우 좋습니다. 철사를 이용해 나무에 착생시킬 수 있고, 이 경우 뿌리를 이끼로 감싸주어야 합니다. 다육식물 성질이 있으므로 침실에서 키우면 밤에 산소를 발생시킵니다

유치원, 학교에 좋은
공기정화식물

애크메아 파시아타는 0.3~1m 크기로 자라며 자생지에서는 0.3~1.2m 너비로 잎이 펼쳐집니다. 생장 속도는 더딘 편이며, 달걀형의 잎은 20~70cm 길이를 가졌고, 잎은 뿌리에서 로제트형으로 올라옵니다. 뿌리가 약하기 때문에 보통 나무나 바위에 이끼와 함께 착생하여 자라는 성향이 있습니다. 식물체는 해충에 강한 편이지만, 과습하면 뿌리 주변에 해충이 발생하기도 합니다.

우리나라에서는 아나나스를 브로멜리아-Bromeliaceae라고 부르기도 하는데, 브로멜리아는 '파인애플과'를 뜻하며, 파인애플과의 '네오네겔리아속' 식물과 '브리시아속' 식물을 브로멜리아라고 부르는 경우가 많습니다.

이미 유통 단계에서 브로멜리아나 아나나스라는 여러가지 이름으로 불리고 있지만 이 식물의 정확한 명칭은 '애크메아 파시아타-*Aechmea fasciata*'입니다.

1 파인애플(Ananas comosus)
2 네오네겔리아(Neoregelia)속 아나나스
3 브리시아(Vriesea)속 아나나스

어떻게 키울까요?

밝은 그늘에서 잘 자랍니다. 배수가 잘되는 토양에서 수분은 보통으로 공급하거나 약간 건조하게 공급합니다. 종자 번식은 6년이 소요되므로 보통 꽃이 진 뒤 2~3개의 새순이 생기면 옮겨 심습니다.

 섭씨 16~25℃ 최적
겨울 10℃ 이상

 반그늘

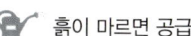 흙이 마르면 공급

117

40 농염한 겨울 꽃의 여왕
시클라멘
Cyclamen persicum

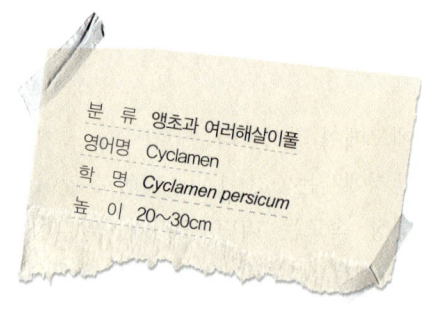

분　류　앵초과 여러해살이풀
영어명　Cyclamen
학　명　*Cyclamen persicum*
높　이　20~30cm

시클라멘은 터키 서부, 시리아, 요르단, 레바논, 이스라엘, 알제리, 튀니지, 소말리아, 스페인, 그리스의 섬 등 지중해 연안이 원산지입니다. 이 가운데 터키, 시리아, 요르단, 레바논, 이스라엘은 이 식물의 의심할 수 없는 원산지로 알려져 있으며 그 외 지역, 이를테면 지중해와 인접한 아프리카 북부지역에서 볼 수 있는 시클라멘은 수도원 묘지에 식재된 것이 자연스레 번식된 것으로 추정합니다.

자생지에서의 시클라멘은 지중해 연안의 마키-Maquis지대나 방치된 가리그-Garigue지대, 덤불 관목지대, 암석지대, 골란고원, 퇴락한 올리브나무 숲 등 해안가 저지대에서 해발 1200m의 고지대까지 분포합니다.

공기정화 포인트

실내 공기중 포름알데히드를 제거할 수 있습니다. 가정에서 키울 때는 침실의 통풍이 잘되는 서늘한 곳에서 키우며 따뜻한 기온은 피해야 합니다. 꽃이 아름다우므로 유치원에도 잘 어울립니다. 늦가을 무렵 밤 기온이 3~5도 이하로 내려가지 않을 경우에는 베란다로 옮겨줍니다.

시클라멘

유치원, 학교에 좋은
공기정화식물

시클라멘 헤데리포리움

프랑스어인 마키-Maquis는 큰 비에 자주 휩쓸려 나무들이 숲을 이루지 못하고 키 작은 잡목들만 듬성듬성 자라는 지형을 말하므로, 시클라멘은 관목 따위가 듬성듬성 자라는 불모의 땅에서 키 작은 잡목 틈바구니에서 생존한다고 볼 수 있습니다.

시클라멘의 원종은 일반적으로 흰색이지만 핑크색이나 붉은색도 있고, 각각의 꽃잎 하단에는 짙고 붉은 구역이 있으며, 꽃잎의 길이는 2~4cm 내외입니다. 꽃대의 높이는 15~20cm 내외이며 꽃은 150~180도 각도로 고개를 숙이고 핍니다. 국내에 보급된 품종은 주로 퍼시쿰-persicum 품종인데, 꽃의 개화기는 품종에 따라 다르지만 대개 9월부터 다음해 4월까지 길게 이어집니다.

잎 길이는 14cm 내외의 진한 녹색의 하트 모양이고, 잎 표면에는 마블 무늬의 얼룩이 있습니다. 꽃은 잎 사이에서 꽃대가 순서대로 올라온 뒤 꽃대가 올라온 순으로 꽃을 개화합니다. 따라서 시든 잎이나 꽃대는 바로 자르는 것이 좋으며, 이렇게 하면 더 싱싱한 꽃을 볼 수 있습니다. 뿌리는 15cm 내외의 납작한 알뿌리 형입니다. 뿌리를 씹으면 쓴 맛과 함께 독성이 느껴지므로 사람이나 애완동물이 먹을 수는 없습니다.

시클라멘은 다른 식물과 달리 영상 20~25도 이상이면 성장을 멈추고 휴면기에 접어듭니다.

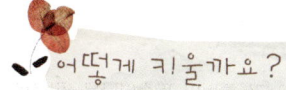

반음지에서 잘 자라며 권장 기온은 15~25도입니다. 통풍이 잘되고 서늘한 장소를 좋아합니다. 시클라멘 품종 중 헤데리포리움(*C. hederifolium*) 품종은 영하 15도에서도 월동할 수 있어 눈으로 뒤덮인 시클라멘 꽃을 볼 수 있지만 대개의 품종들은 3~5도가 월동 가능 온도입니다. 배수가 잘되는 토양에서 촉촉하게 유지하되, 하절기에는 약간 습하게 관리하고 개화기에는 2주에 한번 액체 비료를 공급합니다. 번식은 종자로 하며, 보통 서리가 내릴 무렵 씨앗을 뿌리면 1~2개월 뒤 발아합니다.

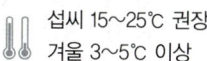 섭씨 15~25°C 권장
겨울 3~5°C 이상

 반음지

 저면관수로 물 공급

41 화분에 키우면 모던한 느낌을 주는
아스플레니움
Asplenium

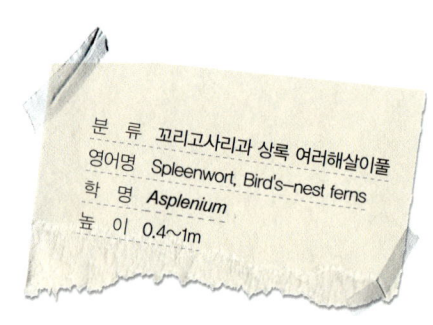

분 류 꼬리고사리과 상록 여러해살이풀
영어명 Spleenwort, Bird's-nest ferns
학 명 *Asplenium*
높 이 0.4~1m

아스플레니움 품종인 대극도

아스플레니움은 세계적으로 약 700여종이 있으며 아시아, 북미, 아프리카의 열대지방과 아열대지방에서 온 양치식물입니다. 우리나라에는 약 16종이 자생하고 있는데 그 가운데 아스플레니움 안티쿰-*A. antiguum*은 '파초일엽'이라고 불리며 원예 애호가들에게 많은 인기를 얻고 있습니다.

우리나라 제주도와 일본 등지에서 자생하는 파초일엽은 바닷가 나무나 바위틈에서 자라며 덩이뿌리에서 약 1m 길이의 긴 잎이 돌려 올라옵니다.

공기정화 포인트

포름알데히드 제거 효능이 팔손이나무, 필로덴드론, 드라세나보다 2배 가량 뛰어나 새집증후군에 특히 좋습니다. 가정에서 키울 경우 베란다에 암석정원이나 작은 연못을 꾸민 뒤 음지에서 키우는 것이 좋으며, 쇼핑몰이나 큰 관공서는 밝은 음지에서 작은 연못을 꾸미고 열대풍 정원을 꾸밀 때 좋습니다. 사무실, 유치원, 학교의 경우 계단 좌우에 화분으로 키울 수 있는데 직사광선에 노출되지 않도록 해야 합니다

아스플레니움 니두스(**A. nidus**)

제주도 자생종 파초일엽(**A. antiguum**)

고사리과 식물임에도 잎 모양이 고사리 잎과는 닮지 않고 오히려 생강과의 파초 잎과 비슷해 '파초일엽'이라는 이름이 붙었습니다. 여느 고사리과 식물처럼 열매대신 포자낭군이 달리고 포자낭군에 의해 번식합니다.

아스플레니움 니두스-*A. nidus*는 영어로 Bird's-nest ferns이라고 불리는 품종이며 파초일엽과 마찬가지로 가장 많이 알려진 품종입니다.

잎은 물결 형태로 주름이 있고 밝은 녹색이며, 독성이 없어 말레이시아 원주민들이 식용은 물론 약용으로도 사용하였습니다. 주로 달인 잎을 근육통, 산후통증의 약으로 복용하거나 열병에 바르기도 하였답니다.

아스플레니움은 관엽식물로써 가치가 높은 편이며, 생육 환경이 좋다면 높이 1m, 너비 2m 내외의 왕관 형태로 자라게 됩니다. 남부지방에서는 노지에서 키울 수 있으므로 큰 나무 밑의 관엽식물로 키우거나 암석정원을 꾸밀 때 유용합니다. 노지의 큰 나무 밑에 식재한 아스플레니움은 열대우림지역을 연상시키게 만들고, 화분으로 키운 아스플레니움은 모던풍의 정원을 꾸밀 때 유용합니다.

국내에 보급된 아스플레니움은 대부분 원예종이며 흔히 '대극도'라는 이름으로 유통됩니다.

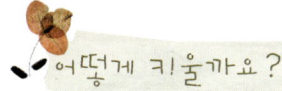
어떻게 키울까요?

전형적인 반음지식물입니다. 고온다습한 환경에서 잘 자라며 추위에 약해 중부이북에서는 실내에서 키워야 합니다. 월동 가능 온도는 10~15도 내외이고 과습하거나 습도가 낮으면 잎이 타버리므로 토양을 축축하게 유지하데 과습하지 않는 것이 좋습니다. 때때로 잎을 닦아주는 것이 좋으며 여름철에는 분무기로 자주 뿌려 다습한 환경을 만들어줍니다.

섭씨 20~25℃ 최적
겨울 10~15℃ 이상

 반음지

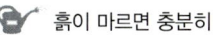 흙이 마르면 충분히

42 탐스러운 열매와 일품향의
귤나무
Citrus unshiu

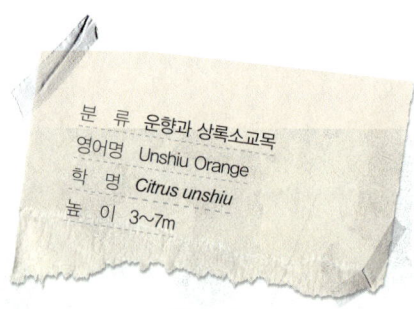

분류 운향과 상록소교목
영어명 Unshiu Orange
학명 *Citrus unshiu*
높이 3~7m

온주밀감 품종의 수형

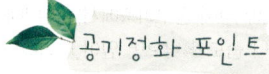

공기정화 포인트

포름알데히드 제거 기능이 매우 뛰어난 식물로 제주도와 일부 남부지방에서는 노지에서 키울 수 있습니다. 실내에서 키울 경우 햇볕을 잘 받아야 하므로 창가나 베란다에서 키워야 합니다. 유치원이나 학교에서 키울 경우 가시가 없는 품종을 키우는 것이 좋으며, 이른 봄 매우 진한 꽃향기를 맡을 수 있어 좋습니다.

일본, 중국 등에서 온 귤나무에는 여러 품종이 있습니다. 그중 우리가 흔히 먹는 온주밀감-*Citrus unshiu*은 일본이 원산지이고 높이 3~7m 내외, 줄기에 가시가 없는 귤나무입니다. 잎은 어긋나고 타원형이며 연한 얼룩이 있습니다. 잎의 가장자리가 물결 모양 톱니가 있거나 없으며 잎자루의 날개는 뚜렷하지 않습니다.

꽃은 5~6월 사이에 흰색으로 피고 꽃받침조각과 꽃잎은 5개씩 달리나 드물게 4개씩 달리는 경우도 있습니다. 꽃의 지름은 2~4cm로 비교적 큰 편이고 수술은 여러 개, 암술은 1개입니다. 이 꽃은 운향과 특유의 매우 진한 향기를 뿜어내는데, 귤껍질을 벗겼을 때 나는 향기보다 더 강하고, 벌과 나비가 좋아합니다.

열매는 우리가 흔히 보는 감귤이 녹색으로 달리는데, 구연산, 비타민 C, 플라브노이드가 함유되어 있습니다. 이 열매를 얻기 위해우리나라 제주도에서는 조생종, 중생종, 만생종 등 여러 품종을 재배합니다.

세계적으로는 오렌지, 라임, 그레이프후르츠, 레몬 등이 감귤 유사종에 해당하며 각각의 기후에 맞은 품종들을 재배합니다.

금귤-*Fortunella japonica* var. *margarita*은 중국이 원산지이며 흔히 '낑깡' 또는 '금감'이라고 말합니다. 온주밀감과 달리 2.5~4.5 높이로 자라고 열매는 귤에 비해 조금 작으며, 껍질을 까지 않고 먹을 수 있는데 매우 시고 쓴 맛을 가지고 있습니다.

1 귤나무 온주밀감 품종의 꽃
2 금귤(낑깡) 품종의 열매

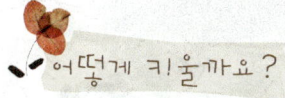

귤나무는 햇빛 아래에서 잘 자라지만 반양지에서도 어느 정도 성장합니다. 물빠짐이 좋은 토양에서 수분은 보통으로 공급하는데 4~6일 간격으로 흙이 마르면 흠뻑 제공하며, 공중습도를 좋아하기 때문에 때로로 분무기로 뿌려줍니다. 권장 생육 온도는 15~30도이며 월동 가능 온도는 5도입니다. 번식은 꺾꽂이, 접목, 종자로 진행합니다.

섭씨 15~30℃
겨울 5℃ 이상

 양지, 반양지

 흙이 마르면 흠뻑

43
바람개비 닮은 꽃
마삭줄
Trachelospermum asiaticum var. intermedium

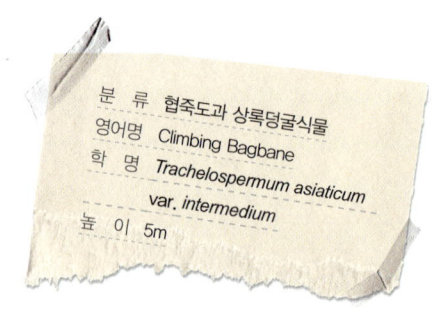

분 류 협죽도과 상록덩굴식물
영어명 Climbing Bagbane
학 명 *Trachelospermum asiaticum var. intermedium*
높이 5m

마삭줄은 우리나라가 원산지인 덩굴성 식물이며 중국, 일본 등에도 분포합니다.

나무처럼 굵은 밑둥에서 덩굴성의 잔가지가 갈라집니다. 덩굴은 길이 2.5~5m로 자라며 나무나 담장을 타고 오를 수 있습니다. 잎은 마주나며 길이 2.5~5cm의 타원형이거나 달걀 모양이고 앞면은 진한 녹색의 광택이 있으며 잎의 가장자리에는 톱니가 없습니다.

공기정화 포인트

실내 공기중 포름알데히드를 제거할 수 있는 능력이 탁월합니다. 덩굴식물이지만 땅을 기는 속성이 있어 학교나 가정집 정원에서 지피식물로 키울 수 있습니다. 가정에서 키울 때는 화분이나 걸이분으로 키우기 적당합니다. 잎의 관상을 위해 카페에서 키우기도 하며, 공기정화와 울창한 녹음을 보기 위해 공장주변에서도 자주 볼 수 있습니다. 햇빛에 잘 들어오는 창가에서 비료를 한 달에 1~2번 공급하면 아주 잘 자랍니다.

유치원, 학교에 좋은
공기정화식물

꽃은 5~6월에 취산꽃차례로 달리고 색상은 흰색이며 중앙 부분은 노란색입니다. 꽃의 지름은 2~3cm 내외의 풍차 형태이고 꽃받침과 꽃잎은 각각 5개로 갈라지며 수술도 5개입니다. 꽃에서는 진한 향기가 나는데 자스민향과 비슷합니다. 이 때문에 마삭줄-백화등 포함 류의 식물을 영어권에서는 'Yellow Star Jasmine'이라고 부르기도 합니다. 열매는 9월에 익으며 골돌형이고 길이 12~22cm 내외입니다.

원예종 황금 마삭줄

우리나라에서는 마삭줄의 유사종인 백화등이 자생합니다. 협죽도과의 식물들은 대체적으로 약간의 독성이 있으므로 잎이나 꽃을 함부로 섭취할 수 없습니다. 또한 마삭줄은 번식력이 매우 왕성하기 때문에 때때로 정원 전체를 점령할 수 있습니다. 따라서 정원에서 키울 때는 주기적으로 가지치기를 해주어야 합니다.

마삭줄 꽃

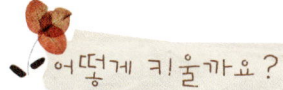
어떻게 키울까요?

햇빛은 물론 반양지에서 잘 자라며 아주 짙은 그늘에서도 성장이 양호합니다. 햇빛 없는 실내에서 키울 때는 겨울철에 3~4시간 이상 직사광선에 노출시켜야 합니다. 물빠짐이 좋은 축축한 토양에서 잘 자라지만 건조에도 어느 정도 견딥니다. 수분은 겉흙이 바짝 말랐을 때 공급합니다. 추위에는 약하므로 중부이북지방에서는 노지에서 키울 수 없습니다. 번식은 꺾꽂이나 휘묻이로 하는데 아주 잘되는 편입니다.

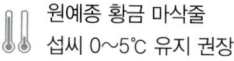 원예종 황금 마삭줄
섭씨 0~5℃ 유지 권장

 반양지, 반음지

 흙이 바짝 마르면 관수

모기퇴치용 식물
제라늄

Pelargonium inquinans

분 류	쥐손이풀과 여러해살이풀/목본성
영어명	Geranium
학 명	*Pelargonium inquinans*
높 이	0.3~2m

　　가정에서 쉽게 기를 수 있는 제라늄은 세계적으로 200여 유사종이 있습니다. 제라늄이라는 이름은 그리스어의 게라노스-geranos에서 유래한 것으로 '학'을 의미하는데, 제라늄 열매가 찌를 듯한 긴 부리를 닮아서 학에 비유한 것입니다.

　　꽃과 잎, 줄기는 독성이 없어 모두 이용이 가능하며, 샐러드는 물론, 아이스크림, 케이크 등의 향신료로 사용하고 목욕제, 향수, 비누의 원료와 신경안정, 피로회복에도 도움을 주는 식물입니다. 또한 제라늄에는 '시트로넬롤'이라는 오일성분이 있어서 여름철 모기 퇴치용으로 창가에 두어 키우기도 합니다. 모기는 싫어하지만 제라늄의 향은 사람에게 상쾌함을 더해줍니다.

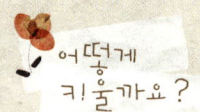

햇빛을 좋아해서 햇빛이 잘 들어오는 창가에 걸이분으로 적당합니다. 초본성은 월동이 어렵지만 목본성 제라늄은 때때로 월동이 가능합니다. 물은 1~2주에 한번 공급하며, 번식은 꺾꽂이, 포기나누기, 종자로 합니다.

단아하고 화려한 꽃
제피란서스 분홍나도사프란

분　류　수선화과 여러해살이풀
영어명　Rain Lily Pink
학　명　*Zephyranthes carinata*
높　이　30cm

흔히 '나도사프란'이라고 알려진 제피란서스는 분홍색 꽃이 피어 '분홍나도사프란'이라고 불리며 사프란과 구분하기 위해 '제피란서스'라고도 말합니다. 그 외 '기생란', '꽃산자고' 등 별칭도 많고 종류도 많아 그 이름 외우기가 무척이나 혼동되는 식물입니다.

멕시코가 원산지인 이 알뿌리 식물은 잎이 풀잎처럼 납작하고 길게 올라옵니다. 꽃은 30cm 내외의 긴 꽃대에서 하나씩 달리고 꽃잎은 6개, 수술도 6개, 암술은 1개입니다. 꽃의 색상은 매우 싱싱한 분홍색이며, 키에 비해 큰 화경을 가지고 있어 다른 꽃 사이에서도 돋보입니다. 꽃은 6~9월 사이에 피며 계속 새로운 꽃대가 올라와 번갈아 피웁니다.

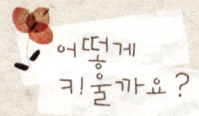

제피란서스를 키우려면 햇빛이 좋은 베란다나 밝은 반그늘이 최적입니다. 수분은 보통으로 공급하고, 번식은 알뿌리로 합니다. 꽃이 단아하고 화려하기 때문에 카페 창가에 미니정원을 꾸미고 키워도 안성맞춤입니다. 제피란서스는 전초에 약간의 독성 성분이 있으므로 함부로 먹을 수 없습니다.

지하 작업실,
지하 상가에 좋은
공기정화식물

지하 작업실이나 지하 상가는 우선 햇볕을 좋아하는
양지식물과는 거리가 좀 멉니다. 또한 지하의 특성상
공기순환이 다른 공간에 비해 탁하므로 우수한 공기정화능력을 지닌
식물이어야 합니다. 이에는 스파티필럼과 테이블야자, 아글라오네마 등을 추천합니다.

지하 실내 공간의 제왕 스파티필럼
테이블 위의 작은 야자 테이블야자
영화 레옹에서 만나는 아글라오네마
모양새가 힘찬 지하 조경식물 고비

44
지하 실내 공간의 제왕
스파티필럼
Spathiphyllum sp

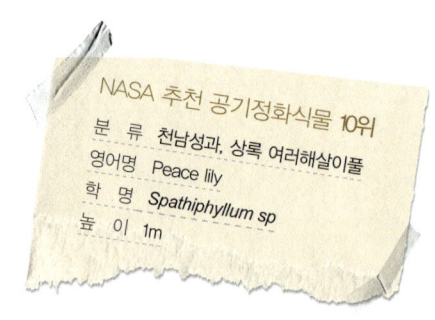

NASA 추천 공기정화식물 10위
분 류 천남성과, 상록 여러해살이풀
영어명 Peace lily
학 명 *Spathiphyllum sp*
높 이 1m

스파티필럼은 지하 공간에서 자라는 식물 가운데 가장 잘 자라는 식물로 많이 알려져 있습니다. 햇빛을 완전히 차단한 지하 공간에서도 15일 이상 견딜 수 있으므로 음지식물의 대표 격이라 할 수 있습니다. 수분도 15일에 한번 공급하면 충분할 정도이므로 여러모로 손이 가지 않는 최고의 공기정화식물입니다.

그러나 지하에서 키운 스파티필럼은 좀처럼 꽃을 피우지 않습니다. 따라서 스파티필럼의 아름다운 꽃을 감상하고 싶다면 때때로 햇빛이 들어오는 반음지에서 키우는 것이 더 좋습니다.

공기정화 포인트

아세톤, 알코올, 벤젠, 트리클로로에틸렌, 포름알데히드 등 다방면에서 오염물질을 제거할 수 있는 우수한 공기정화식물입니다. 새 아파트에 입주하거나, 담배를 많이 피는 공간, 페인트 공장, 지하주차장이나 차고, 지하상가, 쇼핑몰 등에서 키우면 좋고, 도로변 아파트나 사무실에 입주할 경우, 창 밖에서 날아든 자동차 매연의 오염된 공기를 정화할 목적으로 키우거나, 쇼윈도의 직사광선이 없는 반그늘 장소에 키울 수 있습니다.

지하 작업실, 지하 상가에 좋은
공기정화식물

지하 공간에 두고, 15일 뒤에 무심코 확인하면, 스파티필럼의 잎이 점차 말라가는 기미가 보일 것입니다. 이럴 때는 주기적으로 물을 흠뻑 공급해주면 수분을 공급받은 스파티필럼의 시든 잎이 다시 초록으로 변하고, 새잎이 무럭무럭 올라오는 모습을 볼 수 있습니다.

스파티필럼은 육수꽃차례로 피는 흰색 꽃이 피며, 천남성과에 속하는 상록성 여러해살이풀입니다. 세계적으로 열대 아메리카와 동남아시아 등지에 30여종의 유사종이 있으며, 국내에서 흔히 접하는 스파티필럼은 파티니이-*S. patinii* 품종으로 이 품종의 스파티필럼은 50cm 내외로 성장합니다.

스파티필럼의 잎은 뿌리에서 무리지어 올라오며 잎자루가 있습니다. 바소꼴의 잎은 혁질의 두툼한 질감을 가졌고 광택이 있으며 짙은 녹색입니다. 뭉쳐 올라온 잎 사이에서 긴 꽃대가 올라온 뒤 육수꽃차례의 흰꽃이 달리는데, 이 꽃은 잎처럼 보이는 불염포에 쌓여 있고 불염포는 녹색이거나 흰색입니다. 환경이 좋으면 오랫동안 피어 좋은 향기를 뿜어냅니다. 꽃을 보려면 반음지 아래에서 키우는 것이 가장 좋고, 불염포의 색상이 변색되면 꽃대 끝을 재빨리 제거해 다시 새 꽃이 나오도록 해야 합니다.

1 육수꽃차례의 스파티필럼 꽃
2 실내 미니정원에도 잘 어울리는 스파티필럼

직사광선은 물론 반음지 또는 그늘에서도 잘 자랍니다. 15일마다 한번 물을 줘도 잘 자라는 스파티필럼의 약점은 추위에 매우 민감하다는 점입니다. 통풍이 잘되는 베란다 등에서는 날씨가 쌀쌀해지는 가을이 되면 서둘러 거실 안으로 옮겨주는 것이 좋습니다. 월동에 안전한 온도는 영상 15도 정도이므로, 영상 15도 이하로 떨어지면 쉽게 잎이 시들어버립니다. 번식은 포기나누기로 하며 번식이 매우 잘되는 편입니다. 물은 15일마다 한번 주는 것보다는 1주일 단위로 조금씩 주는 것이 좋습니다.

 섭씨 16~25℃ 최적
겨울 10~15℃ 이상

반음지, 음지

 7~15일에 한번

45
테이블 위의 작은 야자
테이블야자
Chamaedorea elegans

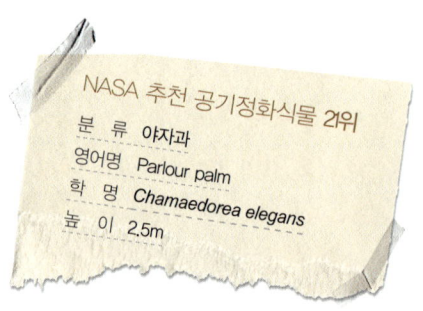

NASA 추천 공기정화식물 2위
분 류 야자과
영어명 Parlour palm
학 명 *Chamaedorea elegans*
높 이 2.5m

멕시코와 과테말라의 열대우림지역 낮은 지대에 자생하는 테이블야자의 정식 이름은 팔로아야자–Parlor palm이며 영국 빅토리아 시대부터 인기를 얻었던 실내식물입니다. 원예업 관계자들은 테이블야자를 황야자와 함께 세계에서 가장 많이 보급된 야자나무로 꼽기도 합니다.

야자나무과의 상록교목인 테이블야자는 호리호리한 줄기가 뭉쳐나며 줄기에는 날개 모양의 겹잎이 11~20개씩 달려있습니다. 잎은 짙은 녹색이며 약간 메탈스러운 질감이 나타납니다.

공기정화 포인트

새집증후군에 특히 좋으며 신발장 냄새를 없앨 때도 좋습니다. 사무실이나 거실에서 키울 경우 바람이 솔솔 부는 통풍이 잘되는 곳에 단독으로 배치하면 모던한 분위기를 연출할 수 있습니다. 음지에서도 잘 자라므로 지하 공간이나 지하상가에서도 키울 수 있습니다.

지하 작업실, 지하 상가에 좋은
공기정화식물

꽃은 보통 겨울에 피는데 아주 작은 노란꽃이 엽초에서 피며 열매는 검정색입니다. 꽃은 환경에 따라 봄, 여름, 가을에 피기도 합니다.

국내에서 판매되는 테이블야자는 보통 0.5m~1m 크기의 소형이며 온실처럼 성장 조건이 좋으면 1.5~2.5m까지도 자랍니다. 성장 속도가 매우 느린 편이라 처음 키우는 분들은 많은 인내와 노력이 필요합니다. 전초에는 독성 성분이 있으므로 잎이나 열매를 함부로 섭취할 수 없으며, 때때로 진드기나 응애가 발생하면 물로 잘 닦아주는 것이 좋습니다.

흔히 테이블야자와 아레카야자를 헷갈려 하는 경우도 있는데 아레카야자는 줄기가 대부분 노란색이고 키도 테이블야자에 비해 2배정도 더 큽니다.

 어떻게 키울까요?

햇빛이 잘드는 곳보다는 반음지나 그늘에서 잘 자랍니다. 실내에서는 비교적 밝은 곳에서 키우는 것이 좋으며 인공조명에서도 잘 성장합니다. 권장 온도는 18~23도이며 겨울철 월동 가능 온도는 13도 이상입니다. 물은 하절기에는 주 2회, 동절기에는 주 1회 공급하며 과습할 경우 잎 끝이 노란색으로 변색됩니다. 비교적 다습한 환경을 좋아하지만 과습보다는 분무기로 물을 뿌려주는 것이 좋습니다. 포기나누기와 종자로 번식할 수 있습니다.

섭씨 18~25℃ 권장
겨울 13℃ 이상

반음지, 음지

1주일에 1~2회

46
영화 레옹에서 만나는
아글라오네마

Aglaonema crispum "Silver Queen"

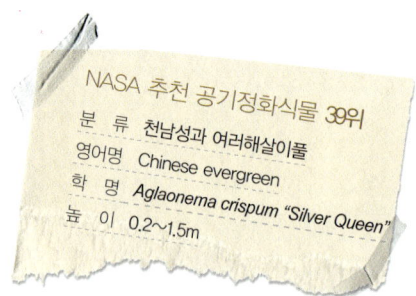

NASA 추천 공기정화식물 39위
분　류 천남성과 여러해살이풀
영어명 Chinese evergreen
학　명 *Aglaonema crispum "Silver Queen"*
높　이 0.2~1.5m

아글라오네마는 중국, 인도, 필리핀, 말레이시아, 방글라데시, 아프리카 등 열대지역이 원산지이며 세계적으로 약 50여종의 유사종이 있습니다. 이 가운데 국내에 보급된 것은 말레이시아에서 들여온 품종이 많으며, 중국에서는 '장수'를 상징하는 식물로 유명해 영어로는 'Chinese evergreen'이라고 말합니다.

품종에 따라 다르겠지만 대부분의 아글라오네마는 땅속줄기에서 뿌리줄기가 옆으로 뻗거나 곧게 올라옵니다. 잎은 때때로 줄기에서 어긋나며 창 모양이고 줄기를 감싸는 형태로 자라고, 잎 길이는 10~45cm 내외입니다.

꽃은 흰색 또는 녹색 불염포 안에 있으며 눈에 띄지 않고, 열매는 빨간색으로 성숙합니다. 줄기나 잎에서 나오는 수액은 독성 성분이 있으므로 접촉을 피하는 것이 좋습니다.

공기정화 포인트

실내 공기중 포름알데히드를 제거하는 효과가 있습니다. 비교적 기르기가 용이해 가정집, 쇼핑몰, 사무실에 잘 어울립니다. 잎의 무늬에 변화를 준 다양한 품종이 있으므로 원하는 품종을 선택하여 기르면 됩니다.

지하 작업실, 지하 상가에 좋은
공기정화식물

Aglaonema crispum 품종인 "Silver Queen"은 잎 가장자리가 녹색이고, 잎 중앙은 실버색인 원예종으로 직사광선을 차단한 따듯한 장소에서 잘 자라며 저조도-낮은 조명에서도 성장이 양호한 편입니다. 크기는 60~90cm 내외고 옆으로 60cm 내외로 퍼집니다. 봄과 가을 사이에 한 달에 한번 비료를 공급합니다. 실내식물로도 유명하지만 외국에서는 수영장 둘레변에 심기도 합니다. 비슷한 품종의 식물로는 *Aglaonema crispum* 품종인 "Silver King", *Aglaonema crispum* 품종인 "Lilian" 등이 있습니다.

그 외에 심플렉스-*A. Simplex*, 픽툼-*A. pictum* 품종이 있으므로 원하는 품종을 키울 수 있습니다.

아글라오네마는 영화 〈레옹〉에서 마틸다가 가지고 다닌 화분 속 식물로도 유명합니다. 영화 속 식물은 아글라오네마 스트라이프스-*Aglaonema Stripes* 품종으로 보고 있으며, 국내에서 구입하려면 발품을 많이 팔아야 합니다.

아글라오네마 말레이 뷰티

반양지에서 잘 자라며 그늘에서도 성장이 좋아 북향에서도 키울 수 있습니다. 권장 생육 온도는 약 20~30도이고, 월동 가능 온도는 10도 내외입니다. 날씨가 추워지면 잎이 둥글게 말리고 갈색으로 타버리므로 실내의 따듯한 곳으로 옮겨야 합니다. 물은 보통으로 관수하고 다습한 환경을 좋아하므로 때때로 분무기로 뿌려줍니다. 번식은 꺾꽂이와 포기나누기로 합니다.

섭씨 20~30℃ 권장
겨울 10℃ 이상

반양지, 반음지, 음지

흙이 마르면 관수

47

모양새가 힘찬 지하 조경식물
고비
Osmunda japonica

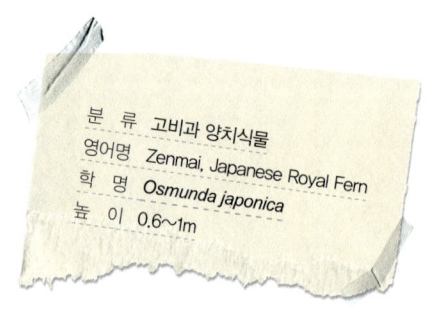

분 류 고비과 양치식물
영어명 Zenmai, Japanese Royal Fern
학 명 *Osmunda japonica*
높 이 0.6~1m

고비는 '고비고사리'라고도 불리며 고사리목 고비과의 양치식물입니다. 특히 포름알데히드 제거 효과가 매우 뛰어난 식물로써 맥문동의 2배, 구아바의 3배, 드라세나의 8배, 야자나무나 고무나무의 10배, 스파티필럼과 행운목, 각종 서양난의 15배, 포인세티아의 30배에 달합니다. 또한 전형적인 음지식물인데다가 모양새가 힘차 보여 햇빛이 들어오지 않는 지하 공간, 가령 지하에 있는 쇼핑몰이나 지하 작업실, 지하철 역사 실내조경으로 안성맞춤입니다.

고비는 우리나라의 남부산지와 제주도, 울릉도의 숲속 축축한 그늘에서 자라며, 세계적으로는 중국, 대만, 일본, 베트남, 필리핀, 인도 등에 분포합니다.

공기정화 포인트

고비는 포름알데히드 제거 기능이 가장 뛰어난 식물 중 하나이지만 환경내성이 약하므로 지하 쇼핑몰 등에서 실내식물로 키울 경우 화분 등으로 적응을 시켜본 뒤 본격적으로 식재하는 것이 좋습니다. 잎은 관상가치가 좋으므로 아파트 베란다 등 어느 장소이든 울창한 녹음을 만들어줍니다.

1 고비의 영양엽(녹색 잎)과 포자엽(갈색 잎)
2 쇠고비의 영양엽

지하 작업실, 지하 상가에 좋은
공기정화식물

땅속 짧은 덩이줄기에서 많은 잎이 뭉쳐 올라옵니다. 잎은 이른 봄 나선형으로 올라오는데 갈색 솜털이 나다가 점점 사라집니다. 어린 순은 나물로 먹기도 하는데 삶았다가 묵나물로 사용합니다. 잎은 영양엽과 포자엽이 나오며, 영양엽은 2회 깃꼴로 갈라지는 녹색 잎입니다. 작은 잎은 바소꼴에 길이 5~10cm 내외, 가장자리에 톱니가 있고 자루는 없습니다. 포자엽은 전체적으로 갈색을 띠며 포자낭이 빽빽이 달리고 포자가 생성되는데 이 포자로 번식합니다.

한방에서는 뿌리줄기를 구충, 항균, 지혈, 발열, 피부발진, 이뇨, 인후통의 약으로 사용하는데 임산부나 소아는 복용하지 않는 것이 좋습니다.

참고로 고사리류의 양치식물들은 대부분 티아미나아제-thiaminase라는 독성 성분이 있습니다. 이 성분은 비타민B1을 분해하므로 다량 섭취할 경우 각기병에 걸릴 수도 있습니다. 푹 삶거나 잘 말리면 이 성분이 사라지므로 안심하고 먹을 수 있습니다.

1 이른 봄에 볼 수 있는 고비의 순
2 도깨비고비의 영양엽

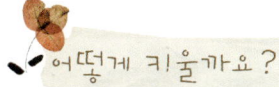

음지성 식물이지만 반그늘에서 더 잘 자랍니다. 물빠짐이 좋은 비옥하고 축축한 토양에서 잘 자랍니다. 추위에는 비교적 강해 중부지방에서도 노지 월동이 가능합니다. 번식은 포자 번식과 뿌리줄기로 번식합니다.

 섭씨 10~25℃ 권장
겨울 7℃ 이상

 반음지, 음지

 흙이 마르면 관수

Part 10

숍, 백화점 쇼윈도에 좋은 공기정화식물

숍이나 백화점 쇼윈도에 어울리는 식물은 사람의 시선을 끄는 것과 더불어
사람들이 분비는 곳이니만큼 비교적 크게 자라고 잎이 넓은 식물이 적합니다.
이러한 식물은 증산작용도 좋아 공기정화에도 효과적입니다.
크로톤, 아라우카리아, 호접란, 율마 등이 있습니다.

햇빛을 받으면 더 화사해지는 크로톤

소나무를 닮은 매력적인 상록 침엽수 아라우카리아

적은 비용, 높은 녹색 효과 드라세나 자넷 크레이그

한 그루만으로도 효과가 큰 필로덴드론 에루베스센스

나비를 닮은 꽃 호접란

피톤치드를 뿜어내는 레몬향의 율마

48 햇빛을 받으면 더 화사해지는
크로톤
Codiaeum variegatum pictum

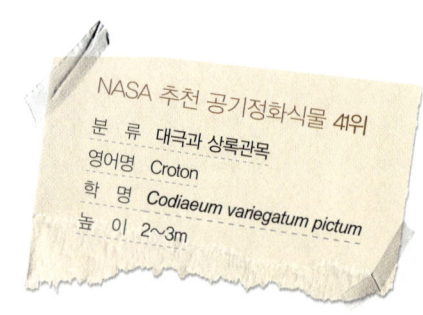

NASA 추천 공기정화식물 41위
분 류 대극과 상록관목
영어명 Croton
학 명 *Codiaeum variegatum pictum*
높 이 2~3m

크로톤 품종

인도, 스리랑카, 인도네시아, 말레이시아, 오스트레일리아가 원산지인 크로톤은 대표적인 관엽식물입니다. 컬러풀한 잎은 광택이 있으며 다양한 모양을 가지고 있습니다.

크로톤은 큰 잎 크로톤, 단풍 잎 크로톤, 꼬인 잎 크로톤, 가는 잎 크로톤, 매우 가는 잎 크로톤, 작은 잎 크로톤, 주맥까지 깊게 갈라졌다가 다시 잎이 붙는 크로톤이 있으며, 매우 드문 경우지만 잎이 뒤로 휘는 크로톤 등 수백여 품종이 있습니다. 잎의 크기는 5~30cm 내외이고 줄기에서 어긋나게 달리는데 약간 두께가 있으며, 잎 표면에는 흰색, 노란색, 주황색, 핑크색, 빨간색, 자주색 등의 얼룩이 있거나 줄이 있습니다. 잎의 색상은 햇빛을 받는 양에 따라 달라지는데 햇빛에 노출되는 시간이 많으면 색깔 얼룩이 많아지고 실내 음지에서 키우면 점점 녹색이 많아집니다.

공기정화 포인트

공기중 포름알데히드 성분을 제거할 수 있고 음이온을 발생하고 전자파 차단 효과가 있습니다. 화려한 잎은 거실, 베란다, 카페 창가 등 열대우림 분위기를 연출하고 공부방을 환하게 만듭니다. 어느 곳에서 키우든, 실내에서 키울 때는 가급적 남향으로 키우는 것이 좋습니다.

크로톤은 품종에 따라 다르겠지만 원산지에서는 3m 안팎으로 자라고 원예종은 2m 안팎까지 성장합니다. 또한 성장할수록 각각의 잎이 층층 달라붙고 상부에는 더 무겁게 달라붙어 육중하거나 어정쩡한 수형이 됩니다. 따라서 크로톤을 키울 때는 반드시 가지치기를 해야 하는데, 가지치기는 봄에 실시하는 것이 좋으며 가지치기를 한 뒤에는 새잎이 돋아납니다.

크로톤의 꽃은 겨울에서 봄 사이에 피며, 상단 잎겨드랑이에서 총상꽃차례로 달립니다. 수꽃은 흰색에 5개의 꽃잎과 20여개의 수술로 이루어져 있고, 암꽃은 노란색에 꽃잎이 없습니다.

크로톤의 수액에는 독성 성분이 있으므로 잎을 함부로 섭취할 수 없습니다. 수액과 직접 접촉할 경우, 일부 민감한 체질의 사람들은 피부습진을 일으킬 수 있지만, 자생지의 원주민들은 이 식물을 위궤양 치료제로 사용하였다고 합니다.

1 크로톤 오색 품종
2 크로톤 *C. variegatum Blume* 품종

햇빛을 좋아하지만 생육이 불량한 잎이 탈 수도 있으므로 가급적 여름철 직사광선은 때로 차광하는 것이 좋습니다. 고온다습한 환경을 좋아하지만 건조에도 견디는 힘이 있습니다. 생육 가능 온도는 16도 이상이고, 월동 가능 온도는 8~13도입니다. 번식은 꺾꽂이, 휘묻이, 종자 번식 모두 할 수 있고 휘묻이의 경우 20일 뒤 뿌리를 내립니다.

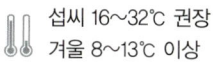 섭씨 16~32℃ 권장
겨울 8~13℃ 이상

 반양지

 겉흙이 마르면 흠뻑

49 소나무를 닮은 매력적인 상록 침엽수
아라우카리아 호주삼나무
Araucaria heterrophylla

NASA 추천 공기정화식물 30위
분 류 아라우카리아과
영어명 Norfolk Island pine
학 명 *Araucaria heterrophylla*
높 이 70m

비교적 큰 나무인 아라우카리아는 자생지에서 최고 70m 높이까지 성장합니다. 자생지는 주로 오스트레일리아 노펵 섬, 뉴질랜드, 뉴칼레도니아, 남미 대륙에 걸쳐 자라는데 오스트레일리아의 노펵 섬을 이 나무의 원산지로 보고 있습니다. 역사적으로는 약 1억 7천만 년 전부터 존재했으며, 삼각뿔 형태의 외형 때문에 '호주삼나무'라고도 부릅니다.

소나무처럼 솔방울이 열리는 이 침엽수는 암수딴그루이며, 송곳 모양의 잎은 뒤집어놓은 V자 형태로 달리고, 송곳잎의 굵기는 소나무 잎과 전나무 잎의 중간에 해당하는 모습입니다.

공기정화 포인트

증산기능이 활발하고 포름알데히드 제거 효과가 있습니다. 작은 크기의 나무도 수형이 아름답기 때문에 신장개업한 점포나 사무실 선물용으로 좋습니다. 크리스마스트리로도 사용할 수 있으므로 가정집 거실, 쇼윈도 등에도 잘 어울립니다. 알레르기에 민감한 사람들은 잎을 손으로 만지지 않는 것이 좋습니다.

아라우카리아

역사적으로 영국의 탐험가 제임스 쿡이 이 나무로 선박 돛대를 만들고자 호주 노퍽 섬을 탐험한 적이 있지만 실패하였고, 1950년경에는 아라우카리아 나무의 목재화에 대한 연구가 본격화되어 노퍽 섬은 목재업이 크게 융성합니다.

그 후 아라우카리아는 전세계에 보급되었고 하와이, 플로리다, 텍사스, 남아공, 브라질 등에서 경관수로 많이 심어졌지만 원산지와 달리 이들 지역에서는 고작 30m 높이까지만 자랍니다.

화원에서 유통되는 아라우카리아는 보통 0.5m 높이인데 점점 성장하면서 줄기에 비해 잎이 많이 달리게 됩니다. 따라서 바람의 영향을 많이 받고 수형이 비틀어지기도 하므로 아라우카리아를 제대로 키우려면 지지대를 세워 비틀어지지 않도록 보조해야 하는데, 실제 미국 플로리다에서는 가로수로 권장하다가 허리케인 때문에 지금은 그다지 권장을 하지 않습니다. 그 외 크리스마스 시즌에는 크리스마스 트리로도 많이 활용합니다. 아라우카리아는 국내 실내 환경에서는 최고 3m까지 자란다고 하는데, 가정에서 키울 때는 진딧물이나 응애가 발생하지 않도록 잘 관리해야 합니다.

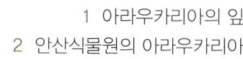
1 아라우카리아의 잎
2 안산식물원의 아라우카리아

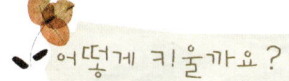
어떻게 키울까요?

햇빛을 좋아하지만 직사광선을 피하는 것이 좋으며 그늘과 건조한 환경에도 성장이 양호합니다. 생장이 좀 느리고, 추위에는 약해도 병충해가 거의 없어 초보자도 비교적 쉽게 키울 수 있습니다. 권장 온도는 20~25도이고 월동 가능 온도는 8~12도입니다. 물은 보통보다 조금 적게 관수하며 겨울에는 2개월에 한번 물을 줍니다.

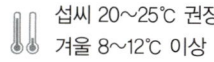 섭씨 20~25℃ 권장
겨울 8~12℃ 이상

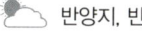 반양지, 반음지

 1개월 1회

50 적은 비용, 높은 녹색 효과
드라세나 자넷 크레이그 드라세나 콤팩타

Dracaena deremensis "Janet Craig"

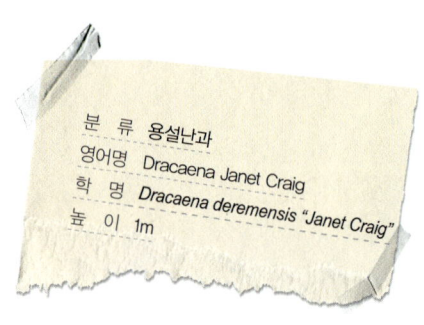

분 류 용설난과
영어명 Dracaena Janet Craig
학 명 *Dracaena deremensis "Janet Craig"*
높 이 1m

드라세나 자넷 크레이그의 왜성종인 드라세나 콤팩타

그리스어의 Dragon에서 유래된 '드라세나 데레멘시스'의 한 품종인 '자넷 크레이그'는 해당 품종을 지배했던 농장 주인인 로버트 크레이그-Robert Craig가 자신의 딸 이름을 붙인 식물입니다. 원래 이 식물은 행운목처럼 넓고 큰 잎이 달리는 품종이지만 국내에서는 '드라세나 콤팩타'라는 왜성종 품종이 인기있습니다. 즉 국내 화원에서 볼 수 있는 드라세나 콤팩타의 정확한 학명은 '드라세나 데레멘시스 자넷 크레이그 콤팩타'이며, 콤팩타-Compacta는 원종보다 작은 크기로 키울 수 있도록 육성된 품종에 붙이는 명칭입니다.

공기정화 포인트

벤젠, 일산화탄소, 트리클로로에틸렌을 제거할 수 있습니다. 쇼윈도나 계단 모퉁이에 키울 수 있을 정도로 면적을 적게 차지하는 식물이지만 잎이 무성하게 달립니다. 비교적 고온다습한 환경에서 잘 자라지만 직사광선에 노출시키는 것은 삼가야 합니다.

아프리카와 아시아가 원산지인 자넷 크레이그는 트라이클로로에틸렌-trichloroethylene 제거 능력이 탁월한 식물입니다. 트라이클로로에틸렌은 일명 TCE로 불리는데 세정 능력이 뛰어나 세탁소의 드라이클리닝 작업이나 공장에서 기계 세척을 할 때 사용합니다. 그렇지만 TCE는 유독성이자 발암물질이기 때문에 TCE로 오염된 지하수를 마시거나 호흡을 하면 중추신경 마비 증세가 발생하기도 합니다. 말하자면 드라세나 자넷 크레이그는 세탁소같이 TCE를 주로 사용하는 업체에서 키울 수 있는 좋은 공기정화식물입니다.

드라세나류는 보통 2~3m 안팎으로 자라는데 왜성종 품종은 50cm~1m 안팎으로 자라기 때문에 가정이나 쇼윈도에서 키우기에 딱 좋습니다.

드라세나 콤팩타는 전체적으로 옥수수자루 같은 넓은 잎들이 방사형으로 무성하게 달리고 기왓장을 쌓듯 층층으로 성장합니다. 때문에 면적을 적게 차지하는 반면 녹색 잎이 무성하게 달려 저비용 고효율의 공기정화식물입니다. 비록 자넷 크레이그의 왜성종이지만 드라세나 콤팩타를 키우는 것으로도 공기정화 효과가 탁월할 것입니다. 이 식물은 화훼도매점에서 1만원 안팎의 저렴한 비용으로 구입할 수 있습니다.

드라세나 콤팩타 잎

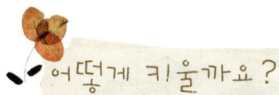

햇빛보다는 반음지에서도 잘 자랍니다. 15~24도에서 잘 자라며 겨울에는 10도 이상을 유지하는 것이 좋습니다. 수분은 약간 축축해도 상관없지만 과습할 경우 잎이 가늘고 거칠어집니다. 물을 가리기 때문에 수돗물보다 빗물을 주는 것이 좋으며 잎을 닦을 때도 빗물이나 지하수 등을 사용하는 것이 좋습니다. 여름철에는 직사광선을 반드시 피해야 합니다.

섭씨 15~24℃ 권장
겨울 10℃ 이상

반음지

흙이 마를 무렵 관수

51 한 그루만으로도 효과가 큰
필로덴드론 에루베스센스
Philodendron erubescens

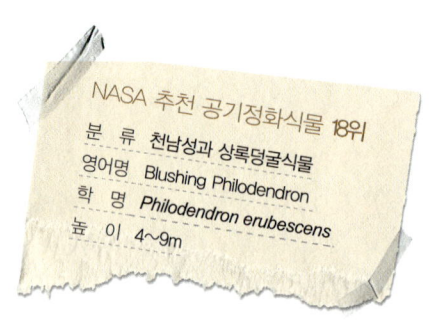

NASA 추천 공기정화식물 18위
분 류 천남성과 상록덩굴식물
영어명 Blushing Philodendron
학 명 Philodendron erubescens
높 이 4~9m

콜롬비아가 원산지인 필로덴드론 에루베스센스는 덩굴성 식물로서 높이 4m 내외로 자랍니다. 잎은 화살촉 모양의 약간 긴 형태이고, 짙은 녹색에 광택이 있고 뒷면은 구릿빛입니다. 잎 길이는 15cm 내외, 잎줄기는 자주색입니다.

꽃은 육수꽃차례로 달리고 포의 색상은 붉은색입니다.

필로덴드론류의 식물들은 대개 전초에 독성 성분이 있으므로 함부로 섭취할 수 없습니다. 수액에 접촉할 경우 때때로 알레르기를 일으킬 수 있지만 3~4분 후에는 정상으로 돌아옵니다.

자생지에서는 꼬마꿀벌류가 이 수액을 가져다가 자신의 둥지를 만들고, 원주민들은 그것을 훔쳐와 각종 방수제로 사용합니다. 또한 냇물에 수액을 뿌려 물고기를 기절시킨 뒤 잡기도 합니다.

독성이 있음에도 불구하고 필로덴드론류 식물들이 오래전부터 실내식물로 인기를 얻는 이유에는 여러 가지가 있습니다. 습도만 유지해주면 돌보는데 손이 안가고, 한 그루만 심어도 실내오염물질을 깨끗하게 빨아들이는 효과가 크기 때문입니다. 역사가 깊어 영국 빅토리아 시대부터 이미 실내식물로 각광받아왔습니다.

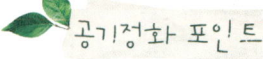

공기정화 포인트

필로덴드론 에루베스센스는 필로덴드론류의 식물 중 공기정화 효과가 가장 크지만, 옮기거나 가지치기를 할 때는 장갑을 끼고 하는 것이 좋습니다. 음지에서도 밝은 조명만 있다면 성장이 양호하므로 쇼핑몰이나 백화점 실내 공간에서 작은 연못을 꾸미고 연못 주변, 특히 사람 손이 잘 닿지 않는 곳에 키울 수 있습니다.

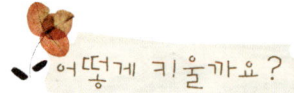

어떻게 키울까요?

반음지를 좋아하며 음지에서도 성장이 양호합니다. 지하 쇼핑몰에서도 조명이 밝으면 어느 정도 성장합니다. 권장 생육 온도는 16~21도이며 월동 가능 온도는 1~3도 내외입니다. 수분은 보통으로 관수하되 약간 촉촉하게 관리하며 때때로 분무기로 물을 뿌려줍니다 번식은 꺾꽂이 또는 휘묻이로 합니다.

실내 미니정원과 주방에 잘 어울리는
필레아

분　류　쐐기풀과 상록여러해살이풀
영어명　Aluminum Plant
학　명　*Pilea cadierei*
높　이　15~30cm

　　　　　베트남과 중국남부가 원산지인 필레아는 짙은 녹색의 잎에 은색 줄이 있는 열대관엽식물입니다. 키우기 용이할 뿐 아니라 번식이 잘되어 초보자들도 쉽게 키울 수 있습니다.

가정에서는 주로 걸이분이나 테라리움으로 기르기 적당하고 작고 아담한 잎은 특히 주방과 아이들 방에 잘 어울립니다.

필레아 품종 중에서 잎 모양이 수박껍질과 비슷한 품종은 국내에서 '수박필레아'라고 부릅니다.

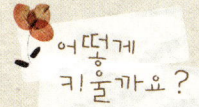

필레아는 햇빛은 물론 반음지에서도 잘 자랍니다. 직사광선에 장시간 노출할 경우 잎이 타버릴 수 있습니다. 월동 가능 온도는 5도 내외이고 번식은 포기나누기와 꺾꽂이로 합니다. 전초에 독성 성분이 있으므로 함부로 섭취할 수 없습니다.

52 나비를 닮은 꽃
호접란 팔레놉시스

Phalaenopsis sp.

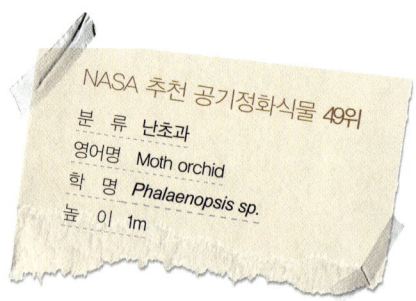

NASA 추천 공기정화식물 49위
분 류 난초과
영어명 Moth orchid
학 명 *Phalaenopsis sp.*
높 이 1m

인도, 인도네시아, 필리핀, 말레이시아, 오스트레일리아, 뉴기니, 대만 등 열대지역, 해발 200~400m 사이의 고온다습한 저지대 산림의 통풍이 잘되는 곳이나 직사광선이 들어오지 못하는 습하고 촉촉한 땅에서 나무에 착생하여 자라는 난초가 있습니다. 호접란이라고 불리는 이 식물은 원래 겨울에 꽃을 피지만, 원예품종들은 봄~가을 사이에 꽃을 피웁니다. 세계적으로는 약 70여종의 품종이 있으며, 한자로 호접-蝴蝶은 나비를 의미하는데 나비를 닮았다 하여 호접란이라는 이름이 붙었습니다. 영문명인 Moth orchid는 '나방을 닮은 난'이란 뜻입니다.

공기정화 포인트

크실렌 제거 능력이 탁월합니다. 크실렌은 잉크, 접착제, 본드, 세제, 합성섬유, 합성수지, 염료, 페인트 등에 들어있습니다. 사무실, 새책이 많은 서점, 잉크젯 프린터를 사용하는 학생방, 헤어숍, 의류전문점, 신발전문점 등에서 키우면 좋습니다. 또한 새로 인테리어를 했거나 개업한 상점의 선물, 새집증후군에 안성맞춤입니다.

꽃은 3대 서양란 중 가장 길게 피며, 저렴한 가격 때문에, 세계적으로도 인기 있을 뿐 아니라 우리 주변의 동네 미용실이나 안경집에서도 흔히 볼 수 있으며, 식물을 기르지 않는 사람들조차 호접란을 '양란'이라고도 칭할 정도로 많이 알려져 있습니다.

호접란의 잎은 뿌리에서 단독으로 올라오며 그 위로 꽃대가 올라옵니다. 잎에는 영양분이 듬뿍 들어있으므로 화분에 물을 미처 공급하지 못했더라도 꽃은 시들지언정, 잎이 말라버리는 경우는 거의 없습니다.

꽃은 품종에 따라 총상꽃차례나 원추꽃차례로 달리고, 꽃의 색상은 흰색, 핑크색, 라벤더색, 노란색, 그리고 얼룩이나 직선 무늬가 있는 품종이 있습니다. 2~5일 간격으로 순차적으로 꽃이 피며 일단 핀 꽃은 관리를 잘하면 2~3개월 정도 유지됩니다.

세계에서 가장 많은 난초를 보유한 영국 빅토리아 시대의 왕실식물원-지금의 큐가든도 열대난초의 확보에 애를 먹었는데, 그들이 탐험가를 보내 최초로 수집한 열대난초가 호접란이라고 합니다.

1 애기 호접란　2 호접란 품종
3 호접란 품종　4 호접란 잎

통풍이 잘되는 반음지 혹은 그늘을 좋아합니다. 적정 온도는 16~27°C이고 월동 가능 온도는 10도입니다. 물을 공급할 때는 충분히 공급하고 흙이 마르면 다시 공급하되 과습하면 곰팡이가 발생할 수도 있습니다. 성장기에는 2주에 한번 액비를 공급합니다. 꽃이 지면 밑에서 두 번째 마디 위를 잘라주는데 이렇게 하면 다음 꽃대가 올라올 수도 있습니다. 번식은 포기나누기로 합니다.

 섭씨 16~27°C 권장
겨울 10°C 이상　　 반음지　　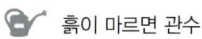 흙이 마르면 관수

53
피톤치드를 뿜어내는 레몬향의
율마
Cupressus macrocarpa 'Wilma Goldcrest'

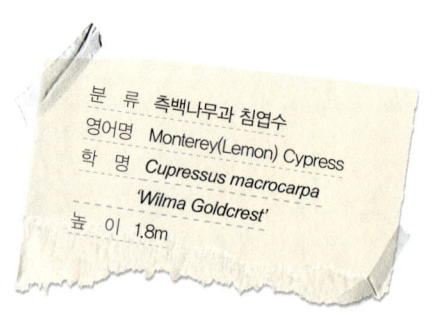

분 류	측백나무과 침엽수
영어명	Monterey(Lemon) Cypress
학 명	*Cupressus macrocarpa* 'Wilma Goldcrest'
높 이	1.8m

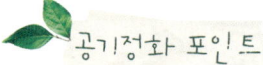

공기정화 포인트

피톤치드을 뿜어내고 증산작용 효과가 있습니다. 상점 쇼윈도를 품위 있게 만들 수 있고, 사무실용 공기정화식물로도 안성맞춤입니다. 크리스마스에는 크리스마스 트리로 활용할 수도 있습니다.

율마는 측백나무과의 왜성종 원예식물입니다.

잎은 1년 내내 녹색을 띤 노란색으로 유지되고, 잎에서는 연한 레몬향이 납니다.

1987년 네덜란드의 P. Overkleeft가 'Goldcrest'를 개량해 만든 왜성종으로 삼각뿔 형태의 귀여운 수형 때문에 세계적으로 인기를 얻었습니다.

율마는 잎이 때때로 시들고 녹색이나 회색으로 변하는 경우가 있는데 이 경우 햇빛을 많이 쪼여주어야 합니다. 또한 물을 과습했거나 물이 부족할 경우에도 잎이 시들어버리므로 물 공급 방식도 변경하는 것이 좋습니다.

참고로 율마 잎은 민감한 사람들에게 때때로 피부 트러블을 유발할 수 있고, 꽃가루 또한 민감한 사람들에게 알레르기를 유발할 수도 있습니다.

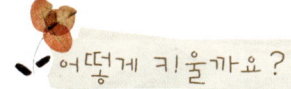

어떻게 키울까요?

양지에서 잘 자라므로 가급적 햇빛이 잘 들어오는 창가에서 키우는 것이 좋으며 통풍이 잘되도록 해야 합니다. 건식 조경에 사용할 정도로 건조함에 강하지만 수분은 보통으로 관수해야 하며 크기에 따라 다르지만 3~4일에 한번 수분을 공급합니다. 생육 권장 온도는 10~25도이며 월동 가능 온도는 3~8도 내외입니다. 번식은 꺾꽂이와 종자 번식이 가능한데 종자는 가을에 뿌리고, 꺾꽂이는 겨울에 줄기를 5~7cm 크기로 잘라 심어줍니다.

| 섭씨 10~25℃ 권장 겨울 3~8℃ 이상 | 양지, 반음지 | 3~4일에 한번 |

카페, 레스토랑과
잘 어울리는
공기정화식물

카페도 적지 않은 공기정화식물들이 다른 실내 장식물들과 어우러져
인테리어 소품으로 활용되는 장소입니다. 공기정화능력은 물론
분위기를 고려한 배치도 매우 중요합니다. 이에는 주로 아이비, 포인세티아,
수염 필란드시아, 부겐빌레아 등을 추천합니다.

인테리어와 공기정화를 한방에 헤데라
크리스마스 시즌에 돋보이는 포인세티아
높은 증산율과 이국적 분위기를 연출하는 왜성바나나
크림색 반점이 아름다운 관엽식물 디펜바키아 콤팩타
할아버지 수염을 닮은 수염 틸란드시아
페루에서 온 보랏빛 향수초 헬리오트로프
한지_韓紙 느낌을 주는 부겐빌레아

54
인테리어와 공기정화를 한방에
헤데라 아이비
Hedera helix

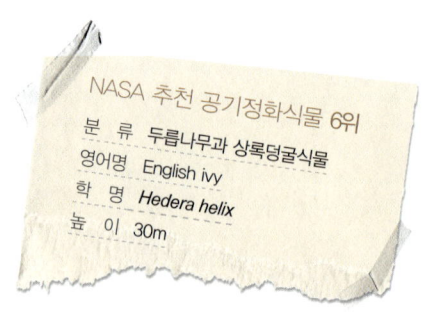

NASA 추천 공기정화식물 6위
분　류   두릅나무과 상록덩굴식물
영어명   English ivy
학　명   *Hedera helix*
높 이   30m

스칸디나비아, 스페인, 아일랜드 등의 서유럽과 우크라이나 등의 북아시아, 터키 등의 중앙아시가 원산지인 아이비는 세계적으로 약 15종의 유사종이 있습니다. 20~30m 길이로 성장하며 나무, 담벼락, 절벽을 타고 오르는 덩굴 속성이 있는데 번식력이 왕성해 생태계를 교란시키기도 합니다.

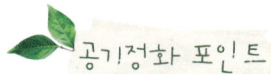

공기정화 포인트

실내 공기중 포름알데히드, 벤젠, 트리클로로에틸렌을 제거할 수 있습니다. 외관이 아름답고 다양한 무늬종이 있으므로 카페 식물로 안성맞춤이고, 가정에서 키울 때는 주방이나 베란다 인테리어용의 걸이분으로 키우는 것이 좋습니다. 무늬종의 경우 장시간 그늘에 두면 무늬가 사라지므로 햇빛에 더 많이 노출시켜야 합니다. 추위에 비교적 잘 견디므로 가정집에서는 정원에서도 키울 수 있습니다.

카페, 레스토랑과 잘 어울리는
공기정화식물

잎은 5~10cm, 잎자루는 1.5~2cm 길이를 가졌고, 잎 모양은 열편이 5개로 갈라진 종류와 열편이 갈라지지 않은 종류가 있으며, 이 잎은 사슴들이 잘 먹습니다.

꽃은 황록색이며 늦여름부터 늦가을 사이에 피며 작은 꽃이 산형꽃차례로 달립니다. 꽃에서는 수분이 많아 벌을 비롯하여 많은 곤충들이 좋아합니다.

열매는 6mm 크기이며 품종에 따라 검자색이나 오렌지색으로 익는데 새들이 좋아합니다. 열매에는 1~5개의 씨앗이 들어 있으므로 열매를 먹은 새들에 의해 주로 번식됩니다. 열매에 독성이 있으므로 사람은 먹을 수 없습니다.

불과 수세기 전만 해도 아이비의 잎과 열매를 기관지염 치료제로 사용한 기록이 있지만, 지금은 독성이 있는 식물로 알려져 아이비를 약용하려면 전문가의 조언을 받아야 합니다. 또한 아이비의 잎은 때때로 알레르기에 민감한 사람들에게 피부 트러블을 일으킬 수 있으므로, 어린 자녀가 있는 가정에서는 키울 때 주의해야 합니다.

국내에서는 노지에서 아이비를 키우는 경우가 거의 없으므로 생태계를 교란시킬 정도로 번성하지 않지만, 미국과 호주에서는 정원에서 키운 아이비가 칡처럼 농작물 지역과 숲, 공원을 침범해 다른 식물들의 성장을 막는 경우가 많습니다.

아이비 무늬 품종

덩굴식물인
잉글리쉬 아이비(헤데라)

 어떻게 키울까요?

햇빛, 반음지, 음지를 구분하지 않고 잘 자라지만 여름철에는 때때로 햇빛에 1~2시간 노출시켜주고, 봄가을 철에는 햇볕에 더 많이 노출시켜 줍니다. 생육 적정 온도는 16~21도이며 월동 가능 온도는 영하 2도입니다. 수분은 흙이 말랐을 때 주며 때때로 잎을 분무기로 뿌려줍니다. 봄철에 줄기 끝을 잘라 심으면 번식됩니다.

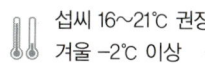 섭씨 16~21℃ 권장
겨울 -2℃ 이상

 양지~음지

 3~4일에 한번

55 크리스마스 시즌에 돋보이는
포인세티아

Euphorbia pulcherrima

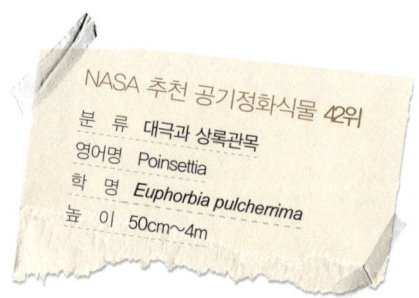

NASA 추천 공기정화식물 42위
분 류 대극과 상록관목
영어명 Poinsettia
학 명 *Euphorbia pulcherrima*
높 이 50cm~4m

멕시코와 과테말라가 원산지인 포인세티아는 1828년 미국 존 포인세트-Joel Roberts Poinsett 목사에 의해 알려진 뒤 크리스마스 축제를 장식하는 나무로 유명해졌습니다. 미국에서의 포인세티아는 12월 12일을 '포인세티아의 날'이라고 정할 정도로 유명합니다. 멕시코에서는 이미 17세기경부터 크리스마스 나무로 사용한 기록이 있으므로 크리스마스 때 포인세티아를 활용한 것은 미국보다 멕시코가 앞섭니다.

공기정화 포인트

포인세티아는 포름알데히드를 제거할 수 있고 증산작용 기능이 우수한 식물입니다. 대극과 식물치고는 독성이 거의 없는 식물이지만 수액과 잎은 함부로 섭취할 수 없으며, 알레르기에 민감한 사람들에겐 약간의 피부 알레르기를 일으킬 수도 있습니다. 이 식물의 잎은 실내식물뿐 아니라 절화로도 활용성이 많아 크리스마스 시즌에는 트리 장식용 절화가 많이 판매되고 있습니다. 화분으로 키우는 포인세티아는 거실, 침실에 안성맞춤이고 걸이분은 카페나 파스타 레스토랑과 잘 어울립니다. 절화는 백화점, 쇼윈도, 카페, 레스토랑, 사무실, 화장실 벽면 장식용 등 어디에나 잘 어울립니다.

아산 세계꽃식물원의 포인세티아

카페, 레스토랑과 잘 어울리는
공기정화식물

한자로 '홍성목-紅星木'이라고 불리는 포인세티아는 약 50cm 내외로 자라지만, 온실에서는 1m 내외까지도 자라고 멕시코 자생지에서는 약 4m 높이까지 자라기도 합니다.

포인세티아의 줄기 잎은 녹색이고 바소꼴입니다. 가장자리는 물결 모양으로 얇게 갈라지고 긴 잎자루가 있으며 줄기에서 어긋하게 달립니다. 빨간색 잎은 원줄기 끝에서 달리는데 역시 넓은 바소꼴이고 가장자리가 물결 모양으로 얇게 갈라집니다.

포인세티아의 꽃

꽃은 7~9월에 여러 개가 모여 달리는데 얼핏 보면 꽃이 아니라 녹색의 둥근 열매로 보입니다. 이 둥근 꽃 안쪽에는 수꽃과 암꽃이 있고, 둥근 꽃 옆에는 노란색 열매로 보이는 것이 달리는데 그 안에는 꿀샘이 있습니다. 꿀샘은 매우 달콤할 뿐 아니라 햇빛 아래에서는 유난히 반짝거리며 자신이 순도 100%의 설탕물임을 알려줍니다.

원산지 멕시코에는 크리스마스와 포인세티아에 얽힌 전설이 있습니다.

크리스마스 때 예수님에게 드릴 선물이 없었던 어느 한 소녀가 천사의 계시를 받고 도로변 잡초 속에서 씨앗을 주워 모읍니다. 그렇게 모은 씨앗을 교회 십자가 밑에 뿌렸더니 크리스마스가 되자 아름다운 꽃이 피어났는데 그것이 바로 포인세티아였답니다. 전해지는 전설과는 관계없이 17세기경부터 멕시코에서는 프란체스코 수원사들에 의해 포인세티아가 크리스마스를 축하하는 나무로 사용되기 시작했습니다.

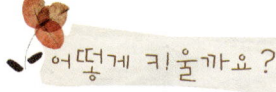

반그늘에서 잘 자랍니다. 생육 적정 온도는 18~29도이며 월동 가능 온도는 10도입니다. 물빠짐이 좋은 토양에서 수분은 과습하지 않도록 공급합니다. 비료는 액비를 사용하며 꾸준히 공급합니다. 가지를 꺾은 뒤 밑동을 물에 잠시 담가두었다가 말린 뒤 흙에 꽂으면 번식이 잘됩니다.

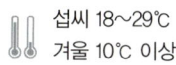 섭씨 18~29°C
겨울 10°C 이상

 반그늘

 10일마다 흠뻑

1828년 미국에 처음 소개된 포인세티아는 멕시코처럼 인기가 있지는 않았습니다. 이후 포인세티아가 공전의 히트를 친 것은 독일계 원예업자 형제인 Ecke family에 의해 새로운 번식법이 개발되면서 부터였습니다. Ecke family는 자신들이 개발한 포인세티아 품종들을 크리스마스 시즌에 맞춰 유명 TV쇼에 노출시키거나 길거리 무료 판촉 행사 등을 펼치면서 활발하게 홍보합니다.

그 후 이들은 포인세티아를 사실상 독점 공급하다시피 하면서 전세계 포인세티아 시장의 약 50% 장악하게 되고, 1980년대 이후 매년 미국에서 가장 많이 팔리는 식물로 탄생합니다. 미국에서만 매년 4~5천만주가 팔린다고 하니 미국 국민 여섯 명중 한 사람이 매년마다 포인세티아를 구입하는 셈입니다. 이 판매량은 매우 압도적인 수치인데, 예를 들어 판매 2위권인 난초류나 아잘레아-서양철쭉와 비교해도 다섯 배나 많은 판매량입니다. 아마 전세계에서 가장 많이 팔리는 식물이라 해도 과언이 아닐 것입니다.

1 야자걸이분의 포인세티아
2 노란잎 품종의 포인세티아

Tropaeolum majus

연잎을 닮은 한련

분 류	한련과 덩굴성 한해살이풀
영어명	Garden Nasturtium
학 명	*Tropaeolum majus*
높 이	1m 이상

겨자 향이 풍기는 식용식물로 알려진 한련은 도시공원은 물론 도로변, 아파트 베란다 화분을 통해서도 흔히 볼 수 있는 풀꽃입니다. 가정에서 키울 때는 베란다 걸이분으로도 손색이 없으며, 식용으로도 인기가 좋아 비빔밥이나 각종 샐러드의 재료가 되기도 합니다. 꽃잎은 두툼한 육질로 톡 쏘는 듯한 겨자 맛이 인상적입니다.

한련은 멕시코를 비롯한 남미에서 자생하며, 자생지에서는 여러해살이풀이지만 우리나라에서는 월동이 어려워 한해살이풀로 분류합니다.

연잎을 닮은 앙증맞은 잎은 줄기에서 어긋나고 9개 내외의 맥이 있습니다. 꽃은 6월에 피고 실내에서 키울 때 생육 온도만 잘 맞추면 1년 내내 꽃을 볼 수 있습니다. 꽃은 붉은색, 노란색, 오렌지색 등이 있고 꽃잎은 5장입니다. 식용할 때는 꽃 전체를 먹거나 꽃잎 부분만 떼어서 먹을 수 있고, 씨앗과 잎도 사용합니다. 꽃은 비타민 C가 풍부하여 항균, 기관지염, 소화촉진에 효능이 있는 것으로 알려져 있습니다. 한련은 기본적으로 덩굴성이지만 덩굴성이 없는 원예종들도 나오고 있습니다.

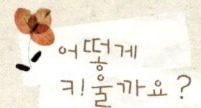

어떻게 키울까요?

가정에서 한련을 키울 때는 3~5월에 씨앗을 뿌리면 15~20도에서 10여일 뒤 싹이 납니다. 꽃은 늦봄부터 볼 수 있습니다. 파종이 번거로우면 화원에서 모종을 구입해 키우는 것이 좋습니다. 실내에서는 베란다에 미니연못을 꾸민 뒤 벽을 타고 오르도록 키우기도 하며, 걸이분이나 화분으로 키워도 괜찮습니다. 물빠짐이 좋은 토양에서 잘 자라며 물은 보통으로 관수하는데 뜨거운 여름에는 충분히 관수합니다. 여름 직사광선은 차단하고 겨울 추위에도 약하므로 따뜻한 곳으로 옮겨줍니다. 번식은 종자 번식과 줄기를 꺾어 심을 수 있습니다.

56 높은 증산율과 이국적 분위기를 연출하는
왜성바나나
Musa cavendishii

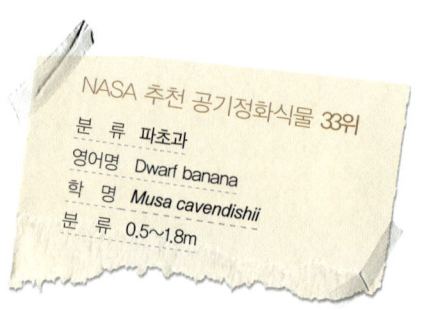

NASA 추천 공기정화식물 33위
분 류 파초과
영어명 Dwarf banana
학 명 *Musa cavendishii*
분 류 0.5~1.8m

바나나나무(*Musa Spp.*) 열매와 바나나 꽃의 포

공기정화 포인트

바나나나무는 휘발성 유해물질-VOG을 잘 흡수하고 증산작용이 매우 뛰어나므로 건조한 실내 환경에 좋지만 햇빛이 잘 들어오는 베란다 등에서 키워야 합니다. 단독주택의 경우 빛이 잘 들어오는 창가, 아파트에서는 베란다에 배치합니다.

카페, 레스토랑과 잘 어울리는
공기정화식물

대표적인 여름공기정화 식물인 왜성바나나는 중국이 원산지이며 지금은 대부분의 열대지방에서 볼 수 있습니다.

왜성바나나의 키는 0.5~1.8m 안팎에, 줄기는 0.2~0.9m, 잎은 6~8개 내외이고 두 잎이 쌍으로 가깝게 붙어서 자라며 잎은 1m 안팎으로 퍼집니다. 잎은 청록색으로 줄기는 짧고 아래 부분이 둥근 형태입니다.

7~8월에 밀집되어 밑으로 처진 다발 형태로 피는 꽃은 노란색이 약간 낀 하얀색인데 다발 전체가 빨간색이거나 어두운 갈색의 포로 둘러싸여 있습니다. 열매는 200~250개가 무리지어 달리고 보통 10cm 길이를 가졌으며 씨앗은 없고 먹을 수 있습니다.

중국 남부지방이 원산지인 왜성바나나는 Charles Telfair라는 사람에 의해 아프리카 모리셔스에서 유럽으로 전래되었다고 합니다. 그는 모리셔스에서 키우던 왜성바나나 중 2그루를 1829년경 영국으로 보냈는데 그중 하나가 Derbyshire Cavendish 공작의 개인 정원에서 자라기 시작했고, 이로 인해 왜성바나나의 학명은 *Musa cavendishii*라고 붙었답니다.

식물원 온실에서나 볼 수 있는 삼척바나나는 *Musa acuminata 'Dwarf cavendish'*라는 학명을 가졌으며 비교적 작은 크기의 바나나가 열립니다. 삼척바나나는 왜성바나나에서 나온 품종중 하나로 키가 작고 약간 추운 온도에서도 잘 자라 세계적으로 가장 많이 보급된 바나나입니다.

진주 반성수목원 온실의 오척바나나

 어떻게 키울까요?

 햇빛 또는 반양지를 좋아합니다. 권장 온도는 20~26도이고 월동 가능 온도는 15도입니다. 물빠짐이 좋은 토양에서 흙을 촉촉한 상태로 물을 관리하지만 물이 고이지 않아야 하며 비료를 자주 주어야 합니다. 바나나는 흡지(뿌리순, 땅속뿌리 부근에서 새로 올라오는 순)로 번식이 잘됩니다. 봄철에 오래된 뿌리 부근에서 흡지가 발생하면 잘라낸 뒤 다른 화분으로 옮겨 심으면 됩니다.

 섭씨 20~26℃ 최적
겨울 15℃ 이상

양지, 반음지

 겉흙이 마르면 충분히

왜성바나나의 한 품종인 삼척바나나

우리나라의 경우 제주도에서도 노지 재배할 수 있지만 채산성이 높이 않아 현재는 삼척바나나를 키우는 농가들이 많이 줄었습니다.

한편 식물원에서 흔히 볼 수 있는 오척바나나는 키 큰 바나나를 말합니다. 이들 키 큰 바나나는 대부분 열대 아시아가 원산지이며 역사적으로는 기원전 5,000년 전부터 각 지역 원주민들에 의해 재배되었습니다. 바나나 나무의 품종은 키와 열매 색상에 따라 달라지는데 수백 종의 품종이 있습니다.

 허브식물이란?

허브-Herb라는 명칭은 라틴어 허바-Herba에서 유래하며, 푸른 풀을 의미합니다.

고대국가의 사람들은 이러한 식물의 향과 약초를 뜻하는 말로 사용하였습니다. 그 의미는 현대에 와서도 잎이나 줄기가 식용과 약용으로 쓰이거나 향과 향미-香味로 이용되는 식물'로 그 사전적 정의를 내리고 있으며, 사람에게 여러 모로 유용한 식물로 인식되고 있습니다. 허브식물은 지구상에 약 2천 5백여 종이 자생하고 있으며, 인간의 건강은 물론, 미용과 식용, 향신료, 관상용, 살충용 등으로 널리 사용하고 있습니다.

동네 화원에서도 쉽게 구할 수 있는 쟈스민이나, 로즈마리, 레몬밤, 라벤더, 민트계열의 식물들이 대표적인 허브식물입니다.

미니정원을 풍성케 하는 검-劍 모양의 잎
글라디올러스

분 류 붓꽃과 여러해살이풀
영어명 Gladiolus
학 명 *Gladiolus gandavensis*
높 이 0.5~1m

    글라디올러스는 라틴어 gladius-고대 로마의 군단병이 사용한 단검에서 나온 이름으로 잎 모양이 검-劍처럼 생겼다 하여 붙은 이름입니다. 세계적으로 약 250종이 분포하며, 160종 이상은 남아프리카에서 자생하고, 80여종은 아프리카 열대지역이 원산지입니다.

    알뿌리로 심는 붓꽃과 식물이며 높이는 0.5~1m 내외로 자랍니다. 원줄기는 창 모양으로 자라고 잎은 밑부분에서 뭉쳐 올라옵니다. 꽃은 5~10월 사이에 피는데 대개 7~8월에 많이 볼 수 있고, 원줄기에서 한쪽 방향으로 달립니다. 화피는 6개로 갈라지고 수술은 3개입니다. 꽃의 색상은 품종에 따라 붉은 핑크색이거나 흰자주색 등 매우 다양하고 벌, 새, 나방에 의해 수분합니다.

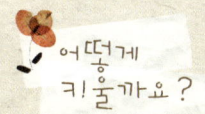

글라디올러스를 키우려면 햇빛이 좋은 베란다에서 키워야 합니다. 햇볕을 적게 받으면 꽃이 적게 열리고 관상가치가 떨어집니다. 권장 생육 온도는 20~25도이며 물은 흙이 마르면 충분히 공급하되 과습하지 않도록 주의합니다. 번식은 종자와 알뿌리로 할 수 있는데, 알뿌리의 경우 봄에 알뿌리 3배 깊이에 심으면 됩니다.

57

크림색 반점이 아름다운 관엽식물

디펜바키아 콤팩타 안나

Dieffenbachia Exotica "Compacta"

NASA 추천 공기정화식물 20위
분 류 천남성과 여러해살이풀
영어명 Dumb cane
학 명 *Dieffenbachia Exotica "Compacta"*
높 이 50cm

디펜바키아는 독일의 Ernst Dieffenbach의 이름에서 유래된 것으로 크게 디펜바키아 콤팩타-안나와 디펜바키아 카밀라-마리 안느로 나눌 수 있습니다.

디펜바키아 콤팩타는 잎맥을 따라 크림색 반점이 있는 품종이며, 잎을 보기 위해 기르는 관엽식물입니다.

국내에는 *Dieffenbachia "Exotica Compacta"* 외에 *Dieffenbachia cv Anna* 품종이 더 일찍 유통되어 보통 디펜바키아 안나라고 불리는데 둘의 생김새는 비슷합니다. 잎이 아름답고 이국적이기 때문에 어느 장소에든 잘 어울리고, 이 잎은 부케나 각종 꽃다발 장식으로도 흔히 사용됩니다.

디펜바키아 콤팩타 안나 품종

공기정화 포인트

실내 공기중 포름알데히드, 크실렌, 톨루엔을 제거할 수 있습니다. 가정에서 키울 경우 거실, 침실, 주방, 공부방에서 테라코타 화분으로 키우면 근사합니다. 식물체에 옥산살칼슘이라는 독성 성분이 있으므로 함부로 먹으면 입이 붓는 등 주의가 필요합니다.

카페, 레스토랑과 잘 어울리는
공기정화식물

디펜바키아 품종은 세계적으로 약 10여종이 있으며 이 가운데 점박이 무늬가 있는 품종은 *Dieffenbachia mars*과 *Dieffenbachia starbright*, *Dieffenbachia sublime* 등이고 대부분 우아하고 아름답기 때문에 공항, 쇼핑몰, 사무실, 쇼윈도, 카페, 레스토랑 등에서 관엽식물로 활용합니다. 단, 예쁜 생김새와는 달리 비교적 손이 많이 가는 편입니다.

 어떻게 키울까요?

반양지 또는 밝은 그늘에서 잘 자랍니다. 권장 생육 온도는 15~27도이고 월동 가능 온도는 5~10도 내외입니다. 물은 5일 간격으로 흠뻑 주고 때때로 분무기로 뿌려주되 과습하면 뿌리가 썩고, 건조하면 진딧물이 발생합니다. 액비를 주기적으로 공급합니다. 번식은 꺾꽂이, 포기나누기로 합니다.

섭씨 15~27℃ 최적
겨울 5~10℃ 이상   반양지   5일마다 흠뻑

58 할아버지 수염을 닮은
수염 틸란드시아

Tillandsia usneoides

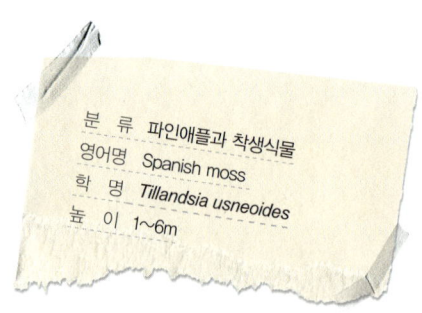

분 류 파인애플과 착생식물
영어명 Spanish moss
학 명 Tillandsia usneoides
높 이 1~6m

전주 한국도로공사수목원 수염 틸란드시아

수염 틸란드시아는 미국 남부에서 남미의 열대지역, 카리브 해에서 자생하며 보통 루브라 참나무와 낙우송 따위에 착생하는데 요즘은 전깃줄에서도 자라는 것을 볼 수 있습니다.

줄기는 은회록색이며 얇고 휘거나 곱슬 형태입니다. 잎은 실처럼 생겼고 은회록색이며 길이 2~6cm 내외인데 줄기에서 마치 체인처럼 연결되어 있습니다.

뿌리는 공기뿌리 형태이며 공중에 노출되어 습도나 빗방울 등에서 칼슘 등의 미네랄과 수분을 흡수하여 생육합니다. 꽃은 봄에 드물게 피는데 꽃의 색상은 노란색이고 꽃받침 잎 3장, 꽃잎 3장입니다. 생육이 왕성하면 착생나무 전체를 뒤덮어 광합성을 하지 못하게 하여 착생나무의 생육을 방해하기도 합니다.

공기정화 포인트

실내습도를 조절합니다. 오염이 심한 대기에서는 성장하지 못하므로 실내공기의 쾌적성 여부를 파악하게 합니다. 카페, 쇼핑물의 인테리어 식물로 안성맞춤입니다. 참고로, 수염 필란드시아를 침구류나 선물포장에 사용할 경우 뜨거운 물이나 전자레인지로 진드기를 박멸한 뒤 사용합니다.

카페, 레스토랑과 잘 어울리는
공기정화식물

한 전설에 따르면 서기 1700년경 미국 찰스턴에 스페인 국적의 신혼부부가 여행을 왔습니다. 신부는 윤기 있는 흑발로 매우 아름다웠습니다. 신혼부부가 농장 근처 숲길을 걸으며 미래를 설계하고 있을 때, 조상 땅을 침범당했다고 생각한 체로키 인디언들이 신혼부부를 습격합니다. 인디언들은 신부의 머리카락을 잘라 루브라참나무에 걸어놓고 자신들의 땅임을 표시합니다. 훗날 머리카락은 세월과 함께 색이 바래지더니, 이끼처럼 루브라참나무를 따라 이곳저곳에서 번식을 합니다. 훗날 사람들은 이를 수염 틸란드시아라고 불렀답니다.

수염 틸란드시아는 실내조경용으로도 좋지만 여러 가지로 쓰임새가 많습니다. 단열재, 매트리스 소재가 되기도 하고 선물상자를 패킹할 때도 사용하는데, 매트리스의 경우 매우 통풍이 잘됩니다. 하와이에서는 관광객에게 걸어주는 Lei-화환에 사용하고 각종 수공예품을 만들기도 합니다. 미국 원주민중 하나인 티무쿠아-Timucua 족 여성들은 수염 틸란드시아를 치마로 사용하기도 합니다. 자생지에서는 새들이 둥지를 만들 때 수염 틸란드시아를 사용하였습니다.

완도 난대수목원 수염 틸란드시아

어떻게 키울까요?

햇빛을 아주 좋아하며 반음지에서도 성장이 양호합니다. 고온다습한 환경에 잘 자랍니다. 수분은 분무기로 뿌려 공급하며, 수분이 없을 때는 휴면기로 들어갑니다. 번식은 줄기를 끊어 다른 나무나 걸이분에 올려놓으면 번식합니다. 종자는 젖은 종이타월에 올려놓으면 발아됩니다.

섭씨 16~30℃ 최적
겨울 5~10℃ 이상

양지, 반양지

때때로 분무기 사용

167

59 페루에서 온 보랏빛 향수초
헬리오트로프

Heliotropium peruviana

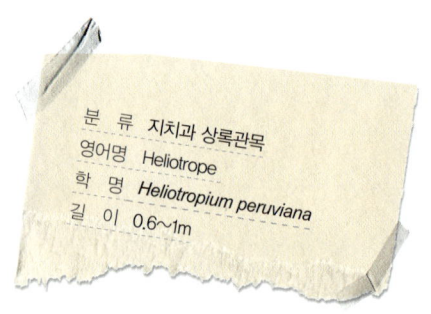

분류	지치과 상록관목
영어명	Heliotrope
학명	*Heliotropium peruviana*
길이	0.6~1m

남미 원산인 헬리오트로프는 높이 1m 내외로 자라는 키 작은 관목으로 꽃향기가 좋은 허브식물로 유명합니다. 색상은 품종에 따라 연한 보라색, 라벤더색, 흰색 등으로 피고 원래 제 품종은 연한 보라색으로 핍니다.

헬리오트로프-Heliotrope는 그리스어로 Helios-Sun과 Tropein-Turn이 결합된 단어로 '태양과 함께 움직인다'에서 유래되었으며, 실제 이 식물의 잎은 태양을 따라 움직인다고 합니다. 미술용어로 '연한 보라색' 색상을 헬리오트로프 색상이라고 말하기도하며, 우리나라에서는 '향수초' 혹은 '페루향수초'라고도 부릅니다.

꽃향기는 감초나 치자나무 꽃과 비슷한데 서양에서는 체리 파이, 바닐라, 시나몬, 포도 아이스크림 냄새라고도 합니다. 향기가 좋아 벌과 나비를 모으는 밀원식물이기도 합니다.

헬리오트로프 품종

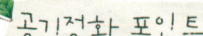

공기정화 포인트

헬리오트로프는 음이온을 발생하고 증산 기능이 탁월합니다. 꽃이 오래가고 향이 좋기 때문에 거실이나 침실에서 키울 경우 여름에서 겨울까지 좋은 향기를 맡을 수 있습니다. 햇빛을 좋아하므로 실내에서 키울 경우 밝은 환경을 조성해야 합니다. 직사광선에 장시간 노출할 경우 잎이 타 들어갈 수도 있습니다.

카페, 레스토랑과 잘 어울리는
공기정화식물

헬리오트로프의 꽃

어떻게 키울까요?

햇빛 또는 반양지에서 잘 자랍니다. 물빠짐이 좋은 토양에서 수분은 보통으로 공급하는데 항상 보습성이 있도록 유지해야 합니다. 번식은 꺾꽂이와 종자 번식이 가능한데, 종자 번식은 이른 봄 씨앗을 뿌리면 보통 한 달 뒤 발아합니다.

섭씨 15~20℃ 최적
겨울 5~8℃ 이상

양지, 반양지

겉흙이 마르면 촉촉하게

60 한지-韓紙 느낌을 주는
부겐빌레아
Bougainvillea glabra

분 류 분꽃과 열대상록덩굴식물
영어명 Paper Flower
학 명 *Bougainvillea glabra*
높 이 4~5m

공기정화 포인트

각종 공기정화 효과가 있는 부겐빌레아는 카페나 쇼핑몰의 채광이 좋은 장소에서 키울 수 있는 덩굴식물입니다. 광선 조건이 좋으면 사계절 내내 꽃을 볼 수 있고 아치, 계단 형태 등 다양한 형태의 덩굴식물로 키울 수 있습니다. 참고로 부겐빌레아의 수액은 알레르기에 민감한 사람들에게 피부 트러블을 일으킬 수도 있고, 줄기에는 둔한 가시가 있으므로 조심스럽게 다루어야 합니다.

카페, 레스토랑과 잘 어울리는
공기정화식물

부겐빌레아 잎과 꽃

포에 둘러싸여있는 꽃이 피기 전 모습

부겐빌레아는 브라질 원산의 덩굴식물로 마치 우리나라 한지-韓紙의 질감을 느끼게 하는 꽃입니다. 부겐빌레아에서 꽃이라고 생각하는 부분은 사실 화포이고 꽃은 그 안에 아주 작게 들어있습니다.

세계적으로 약 13종이 분포하는 부겐빌레아는 포의 색상에 따라 빨간색, 핑크색, 자주색, 노란색, 흰색 품종과 털이 있는 품종 등으로 나눌 수 있습니다.

높이는 4~5m로 자라고 곧은 가시가 있으며, 잎은 어긋나고 달걀 모양에 가장자리가 밋밋하나 광택이 있고 털은 없습니다. 4월~11월까지 피는 꽃은 총상꽃차례로 달립니다. 꽃은 3개의 포에 싸여있는데 포가 꽃잎처럼 보이고 작은 꽃은 그 안에 들어있습니다. 이 꽃은 보통 4~6주 단위로 개화를 반복합니다.

부겐빌레아의 이름은 세계여행가인 루이스 부겐빌-Louis de Bougainville의 이름에서 따왔으며, 그는 1790년경 브라질에서 이 식물을 발견한 뒤 유럽으로 가져왔다고 합니다.

항간에는 루이스 부겐빌이 이끌었던 세계여행 원정팀의 멤버이자 자연주의자 필리베르 커머슨-Philibert Commerson과 그의 시종인 쟌 바렛-Jeanne Baret이 1767년경 리오데자네이로에서 맨 처음 이 식물을 발견한 사람이라고 합니다.

쟌 바렛은 여성이었지만 남자시종으로 변장한 채 필리베르의 시종을 들었고, 그들 원정팀은 지구를 한 바퀴 돌아 프랑스로 귀국합니다. 필리베르는 1773년 모리셔스에서 사망했으므로, 실제 이 꽃을 유럽으로 가져온 사람은 시종인 쟌 바렛이었다고 합니다. 쟌 바렛은 당시 식물에 매우 조예가 깊은 여성이었는데, 타이티에 도착할 때도 그녀가 여성이라는 사실이 밝혀지지 않았답니다.

타이티 섬에 상륙한 커머슨과 쟌은 식물탐사를 하였는데 이때 타이티 원주민에 의해 포위되면서 쟌이 비명을 질렀고, 이 사건으로 쟌은 남장 여성이었음이 밝혀집니다.

프랑스 보로뉴 출신의 고아였던 쟌 바렛은 당시 26~27세였고, 원정팀에 참여하기 전에도 먹고 살기 위해 때때로 남장을 하고 시종을 한 전력이 있었습니다. 세계여행 원정이 끝난 뒤 그녀는 프랑스에서 성별을 속인 문제로 원정팀으로부터 고소를 당했고 재정적으로 궁핍한 생활을 하게 되었지만 역사는 그녀를 세계에서 가장 먼저 세계 일주에 성공한 여성으로 기록하고 있습니다.

1 부겐빌레아의 잎
2 장식용으로 좋은 부겐빌레아

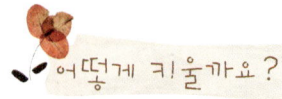

햇빛 아래에서 잘 자라지만 반양지에서도 성장이 어느 정도 가능합니다. 수분은 보통보다 적게 관수합니다. 월동 가능 온도는 -4~0도 사이입니다. 1~4월 사이에 줄기를 잘라 심으면 번식이 됩니다.

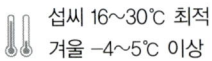
섭씨 16~30℃ 최적
겨울 -4~5℃ 이상

양지, 반양지

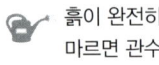
흙이 완전히 마르면 관수

Philodendron domesticum

코끼리 귀를 닮은
필로덴드론 도메스티컴

NASA 추천 공기정화식물 29위

분 류 천남성과 상록관엽식물
영어명 Elephant ear Philodendron
학 명 *Philodendron domesticum*
높 이 0.3~1m

영어로 코끼리 귀를 닮은 필로덴드론—Elephant Ear Philodendron이라고 불릴 정도로 잎이 큰 품종이며, 원산지는 브라질의 열대우림입니다.

잎은 짙은 녹색에 광택이 있고, 잎자루를 포함하여 60cm 내외로 자랍니다. 잎을 보기 위한 관엽식물이지만 잎자루가 잎의 길이만큼 길기 때문에 지주대의 도움이 필요합니다. 잎 표면에는 품종에 따라 크림색 또는 노란색 얼룩이 잡다하게 들어갑니다.

꽃은 포에 둘러싸여 있고 육수꽃차례로 달리는데 눈에 잘 띄지 않습니다. 전초에 독성 성분이 있으므로 함부로 섭취할 수 없고, 잎과 접촉할 경우 피부 알레르기를 유발할 수도 있습니다.

국내에서는 필로덴드론 류의 공기정화식물을 구하기가 힘든데 그 대신 '콩고'같은 유사종이 많이 보급되고 있고 공기정화 효과도 비슷한 것으로 추정됩니다.

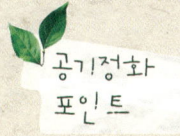

실내 공기중 포름알데히드를 제거할 수 있습니다. 잎자루가 길어 지주대가 필요하지만 큰 걸이분에 키워 잎을 밑으로 드리우는 것도 좋습니다. 잎이 아름답기 때문에 쇼핑몰이나 카페와 잘 어울립니다. 토란의 잎과 비슷하고 음지에서도 비교적 성장이 양호하므로 공장의 공기정화식물로도 안성맞춤입니다.

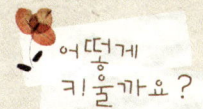

반음지 또는 음지에서 잘 자랍니다. 권장 생육 온도는 16~21도이며 월동 가능 온도는 10도 내외입니다. 물빠짐이 좋은 토양에서 수분을 보통으로 관수하되 조금 촉촉하게 유지하고 때때로 분무기로 뿌려줍니다. 번식은 꺾꽂이, 휘묻이, 종자로 합니다.

Part 12

관공서, 공공장소, 호텔로비의 공기정화식물

사람들의 왕래가 분주한 장소인데가 공간이 넓기 때문에
잎도 크고 키가 1m 이상 자라는 식물들이 좋습니다. 또한 유입되는
각종 오염물질 흡수는 물론 관상가치까지 있으면 금상첨화입니다.
필로덴트론 셀로움, 관음죽, 드라세나 마지나타, 소철 등을 추천합니다.

우람한 수형을 뽐내는 필로덴드론 셀로움

동양적 분위기를 자아내는 관음죽

여름철에 시원한 청량감을 주는 피닉스야자

손쉽게 키울 수 있는 우아한 관상수 드라세나 마지나타

조경수로도 유명한 왕관 닮은 소철

수려한 잎을 가진 덩굴식물 그레이프 아이비

61

우람한 수형을 뽐내는
필로덴드론 셀로움

Philodendron selloum

NASA 추천 공기정화식물 **25위**
분　류　천남성과
영어명　Lacy tree Philodendron
학　명　*Philodendron selloum*
높　이　5m

▶ 필로덴드론 셀로움 품종

브라질, 파라과이, 아르헨티나, 우루과이의 열대우림지역이 원산지인 필로덴드론 셀로움은 그리스어의 Philo-사랑와 Dendron-tree에서 유래된 이름입니다.

필로덴드론 종에 속하는 식물들은 세계적으로 200여 종이 있으며 대부분 덩굴 속성을 가졌고, 그중 필로덴드론 셀로움만큼은 나무 속성을 지녔습니다. 이 때문에 영어로는 'Philodendron Tree'라고 부르기도 합니다.

자생지에서의 필로덴드론 셀로움은 보통 4.5m 내외로 자랍니다. 국내 환경에서는 2m쯤 자라는데, 예를 들어 높이가 1m이면 잎이 사방으로 퍼져 차지하는 면적도 1m 내외이기 때문에 가정집에서 키울 때는 거실 모퉁이 등 구석에 두면 안정감을 더해 줍니다.

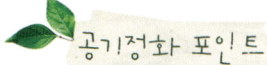 공기정화 포인트

포름알데히드, 벤젠, 암모니아, 아세톤 제거에 효능이 있습니다. 필로덴드론이란 이름이 붙은 식물들은 셀로움 뿐만 아니라 대부분의 종류가 공기정화능력이 탁월합니다. 잎 크기가 성인 허벅지만하고 차지하는 면적이 넓기 때문에 대형 관공서 로비나, 홀, 쇼핑몰, 학교 로비 등을 이국적으로 꾸밀 때 적합합니다.

관공서, 공공장소, 호텔 로비의
공기정화식물

잎줄기는 0.9m 안팎의 길이를 가졌고 어긋나며, 잎 가장자리는 불규칙한 형태로 깊게 파여 있습니다.

꽃은 천남성과 식물들처럼 포 안에서 육수꽃차례로 달립니다. 대개 꽃보다는 잎의 관상가치가 높기 때문에 잎을 보기 위해 키우는 경우가 많습니다. 이름이 길어 화원 등에서는 간략히 '셀룸'이나 '필로덴드롱'이라고 부르기도 합니다.

필로덴드론류에 속하는 식물들은 대부분 전초에 Calcium Oxalate Crystals이라는 독성 성분이 있으므로 꽃이나 열매를 함부로 식용할 수 없습니다. 또한 수액이 눈에 닿으면 결막염을 일으킬 수도 있습니다. 잎은 알레르기에 민감한 사람들에게 피부 트러블을 일으킬 수 있지만 정상적인 사람에게는 큰 문제가 없습니다.

1 사람 얼굴만한 필로덴드론 셀로움 잎
2 나무 속성을 가진 필로덴드론 셀로움
3 실내 수변조경식물로 좋은 필로덴드론 셀로움
4 덩굴속성의 필로덴드론 구티페룸

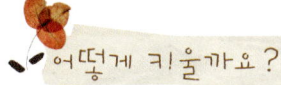
어떻게 키울까요?

직사광선을 싫어하므로 하절기에는 햇빛에 바로 노출시키지 않는 것이 좋습니다. 통풍이 잘되는 반그늘이나 햇빛이 안 들어와도 밝은 창가로 옮긴 뒤 키우는 것이 좋습니다. 배수가 잘되는 촉촉한 토양에서 잘 자라며, 물은 흙이 마를 경우 듬뿍 주는데 너무 과습하지 않도록 보통으로 공급합니다. 잎에 먼지가 끼면 천으로 자주 닦아주고 월동 가능 온도는 12도 내외입니다. 번식은 줄기를 꺾어 삽목합니다.

 섭씨 16~30℃ 최적
겨울 5℃ 이상

 여름 직사광선
차광

겉흙이 마르면
약간 촉촉하게

62 동양적 분위기를 자아내는
관음죽
Rhapis flabelliformis

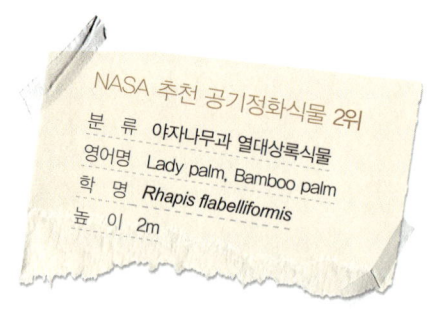

NASA 추천 공기정화식물 2위
분　류　야자나무과 열대상록식물
영어명　Lady palm, Bamboo palm
학　명　*Rhapis flabelliformis*
높　이　2m

중국 남부지역이 원산지인 관음죽은 종죽-棕竹 또는 근두죽-筋頭竹이라는 이름보다는, 일본 류큐-琉球 관음산에서도 볼 수 있다 하여 관음죽이란 이름으로 더 알려져 있습니다.

우리나라 온실에서 자라는 관음죽은 높이 2m, 너비 1.5m 안팎으로 자라고 하나의 줄기가 강건하게 솟아오르면서 땅속줄기 싹이 무리지어 피어납니다. 손바닥처럼 생긴 잎은 겹잎을 이루고 5~18갈래로 갈라지는데, 갈라진 조각은 10cm 내외의 길이를 가졌습니다.

원래 중국 남부지역과 일본에서 야생하였지만 우아한 생김새 때문에 이미 몇 세기 전부터 이들 나라에서 가정집 관상수로 인기를 끌었습니다.

공기정화 포인트

미항공우주국 나사(NASA)가 선정한 공기정화능력 2순위에 오른 식물로 암모니아 제거 능력이 탁월한 식물입니다. 그래서 악취가 날만한 장소(주방, 신발장, 화장실 옆 등)에 두면 청결한 효과를 누릴 수 있습니다. 또한 사무실의 접객실이나 유치원 실내, 가정집 거실에도 제격입니다.

관음죽이 서구에 알려진 것은 서기 1774년경, 유럽에서부터였고 처음에는 더딘 성장 속도 탓에 그다지 인기를 얻지 못하였으나 지금은 동양적인 분위기를 연출할 목적의 실내식물로 각광을 받고 있습니다. 북미에서는 1960년경에야 보급이 시작되었는데 현재는 사무실마다 관음죽 한 그루씩은 있을 정도로 미국의 대표적인 실내식물이 되었습니다.

1 분화로 키우는 관음죽
2 공주 금강수목원의 관음죽
3 관음죽 잎

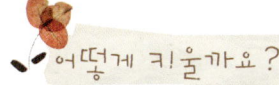

월동 가능 온도는 7도입니다. 직사광선에 잎이 타들어갈 수도 있으므로 여름에도 직사광선은 피하는 것이 좋습니다. 약간 반음지에서 잘 자라며 잎의 색상도 더 예쁘게 나옵니다. 물은 여름에도 조금 건조한 것이 좋으며 햇빛에 따라 다르지만 7~15일에 한번 균일하게 공급합니다. 잎의 끝이 마르면 물 공급이 많거나 직사광선이 원인일 수도 있으므로 주의해야 합니다. 종자 또는 포기나누기로 번식이 가능하지만 번식이 어려운 식물로 알려져 있습니다. 포기나누기는 통상 5~6월에 하는 것이 좋습니다.

섭씨 20~27°C 최적
겨울 5~7°C 이상

 반양지

 1~2주에 한번

63
여름철에 시원한 청량감을 주는
피닉스야자
Phoenix roebelenii

NASA 추천 공기정화식물 7위
- 분 류 종려목 야자나무과
- 영어명 Dwarf date palm
- 학 명 *Phoenix roebelenii*
- 높 이 1.5~3m

태국, 미얀마 등 열대지방이 원산지인 피닉스야자는 보통 1.5~3.1m까지 자라는 키 작은 야자나무입니다. 잎은 활처럼 얇게 휘는데 보통 1.2m 정도의 길이이고 작은 잎들이 촘촘하게 달려 있어 여름철엔 보기만 해도 청량감을 더해줍니다. 꽃은 크림색이며 0.3m 길이로 빗자루처럼 매달리기 때문에 멀리서보면 갈대가 꽂혀있는 것처럼 보이기도 합니다.

피닉스야자는 성장 속도가 매우 더딘 대신 관리를 잘하면 10년 이상 키울 수 있습니다. 반그늘에서도 잘 자라기 때문에 거실 한쪽의 다른 식물들과 어울려 키우기보다는 단독으로 키우되, 햇빛이 반나절 정도 들어오는 곳에서 키우는 것이 좋습니다.

공기정화 포인트

벤젠과 비슷한 냄새가 나는 크실렌(xylene)을 제거하는데 탁월한 효과가 있습니다. 석유의 한 성분인 크실렌은 인체에 유해하지만 합성수지, 합성섬유, 휘발유, 경유, 살충제, 염료, 페인트, 잉크 등의 화학용품을 제조할 때 사용합니다. 이들 제품들을 취급하는 사무실에서 키우면 효과적입니다. 크실렌에 중독될 경우 두통, 구토, 마취, 빈혈, 백혈구 감소 등의 증상이 일어날 수도 있습니다.

관공서, 공공장소, 호텔 로비의
공기정화식물

또한 쇼핑몰 내부나 상업지구의 실내 광장 등에 단독으로 심거나 군집으로 심으면 정취가 아름답고, 군집으로 키울 때는 각도와 간격을 유지하여 수평을 맞춰 식재하는 것이 시각적인 면에서 도움이 됩니다.

피닉스야자를 키울 때는 주의할 점이 있습니다. 부들 잎처럼 부드러운 작은 잎을 만지작거리다보면 잎줄기 아래쪽에 숨어있는 송곳같이 날카로운 가시에 손이 찔릴 수도 있습니다. 이 가시는 매우 날카롭기 때문에 종종 옷감을 뚫고 상처를 내기도 한답니다. 그러므로 아이가 있는 집에서는 피닉스야자를 키울 때 주의해야 하며, 사무실에서도 피닉스야자나무에는 '가시 조심'같은 경고문을 적어두는 것이 좋을 듯 싶습니다. 국내 화훼도매점에서 유통되는 피닉스야자는 키가 1.5~2m 안팎이고 보통 10~30만원 안팎으로 거래되는 비교적 고가의 식물입니다. 가격이 그다지 저렴하지 않은 탓인지 거래량이 적고 구입할 때는 매장거래 보다는 농장과의 직거래를 통해 구입하는 경우가 많습니다.

1 피닉스야자 꽃
2 피닉스야자

햇빛보다는 반양지에서 키우는 것이 좋고, 적정 온도는 16~24도, 겨울에도 영상 10도 이상을 유지하면 월동할 수 있습니다. 물빠짐이 좋은 토양에서 겉흙이 촉촉한 상태를 유지하도록 수분을 공급할 것을 권장하며, 비료는 1년에 3회 정도 공급합니다. 종자번식의 경우 3개월 뒤 발아합니다.

 섭씨 16~24℃ 최적
겨울 10℃ 이상

 양지, 반양지

 겉흙을 촉촉하게 유지

64
손쉽게 키울 수 있는 우아한 관상수
드라세나 마지나타
Dracaena marginata

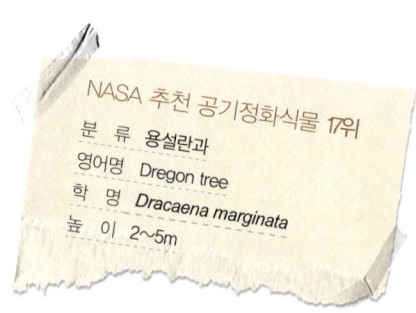

NASA 추천 공기정화식물 17위
분 류 용설란과
영어명 Dregon tree
학 명 *Dracaena marginata*
높 이 2~5m

마다가스카르 원산의 드라세나 마지나타는 잎 테두리에 빨간색 무늬가 있다 하여 'Red Edged Dracaena'라고 불리기도 하고, 마다가스카르산 드래곤 나무라 하여 'Madagascar Dragon Tree'라고도 불립니다.

이 식물은 드라세나속 식물 중 키우기 쉬운 식물로 알려져 서양에서는 사무실용 식물로 각광을 받고 있을뿐더러 잎의 색상에 변이를 준 드라세나 트리컬러 같은 다양한 원예품종도 생산되고 있습니다. 참고로 비슷한 종류의 식물들과 헷갈리는 경우가 많은데 대표적인 예가 '드라세나 콘시나'입니다.

 공기정화 포인트

드라세나 마지나타는 실내 공기중 포름알데히드, 크실렌, 트리클로로에틸렌 제거 능력이 탁월합니다. 원예종들도 이와 비슷한 효능을 지니고 있고 드라세나 중에서 가장 이색적인 데다가 우아하기 때문에 사무실이나 대형 마트같은 상업지구의 품격을 높일 목적으로 키우며, 공기정화를 위해서는 현관이나 주방, 그리고 화장실도 좋습니다. 다른 식물에 비해 생명력이 강하고 적응력이 뛰어나 작은 크기의 것은 집에서도 손쉽게 키울 수 있습니다.

관공서, 공공장소, 호텔 로비의
공기정화식물

드라세나 마지나타는 잎 모양이 창처럼 가느다랗고 잎 길이는 60cm 내외입니다. 잎 외각에는 빨간색 띠의 선이 있는데 이 잎은 먼지가 잘 쌓이므로 분무기로 자주 분무하거나 천으로 닦아주어야 합니다. 때때로 응애와 벚나무깍지벌레 같은 진딧물이 붙기도 하므로 퇴치를 잘해야 합니다.

드라세나 마지나타는 응애류가 잘 발생하는 식물이지만 꾸준한 인기를 누리고 있습니다. 저조도에서 성장이 양호하고 건조한 토양에도 잘 견디며, 특히 손이 많이 가지 않은 탓도 있는 것 같습니다. 또한 야자수 잎처럼 뭉쳐나는 아름다운 잎들은 미술관, 관공서, 호텔, 쇼핑몰, 고급 파스타 레스토랑의 입구에서 우아한 자태를 뽐내곤 합니다. 세워두는 것만으로도 장소의 품격을 높일 수 있는 것이 큰 매력이라면, '트리컬러' 외에도 '타잔', '마젠타', '콜로라마' 같은 원예종들도 많으므로 분위기에 맞춰 선택할 수 있는 것도 장점입니다.

1 드라세나 콘시나의 꽃
2 2m 높이의 드라세나 마지나타

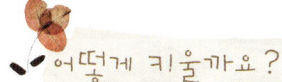

어떻게 키울까요?

반음지에서 잘 자랍니다. 권장 온도는 16~28도. 겨울철에는 영상 10도 이상이면 견딜 수 있지만 가급적 15~16도 이상을 유지해야 합니다. 물은 보통으로 공급하며 과습하면 잎이 떨어집니다. 화분의 물빠짐이 나쁘거나 동절기 외풍이 심해도 잎이 떨어질 수 있습니다. 건조함에 잘 견디지만 공중습도가 40% 이하로 떨어지면 분무기로 물을 뿌려줍니다. 불소 함량이 많은 비료를 공급하면 잎 끝이 노랗게 변색되는데 이 경우 잎을 바로 잘라주는 것이 좋습니다. 번식은 줄기를 꺾어 삽목합니다. 드라세나 마지나타의 경우 물을 너무 많이 공급하거나 물 공급이 너무 적으면 해충이 잘 발생하므로 물 조절을 잘해야 합니다.

 섭씨 16~28℃ 최적 / 겨울 10℃ 이상
 반음지
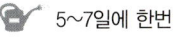 5~7일에 한번

65 조경수로도 유명한 왕관 닮은
소철
Cycas revoluta

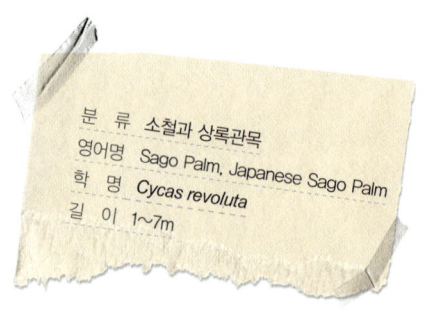

분 류 소철과 상록관목
영어명 Sago Palm, Japanese Sago Palm
학 명 *Cycas revoluta*
길 이 1~7m

분화로 키우는 소철

우리나라와 중국, 일본이 원산지인 소철은 야자나무는 아니어도 영어로는 'Sago Palm'이라 하여 야자나무라는 의미를 담고 있습니다.

수형은 좌우 대칭의 왕관 형태이고 원줄기는 원주형으로 지름 20~30cm 크기를 가졌습니다. 잎은 0.5~1.5m이고 1회우상복엽인데, 작은 잎은 길이 8~20cm로 마주나고 가장 자리가 조금 뒤로 말립니다.

 공기정화 포인트

실내 공기중 포름알데히드를 제거하고 음이온을 많이 발생시킵니다. 중부이남에서는 노지에서 정원수로 키울 수 있지만 중부이북에서는 온실이나 실내에서 키워야 하며, 아파트에서는 베란다, 쇼핑몰에서는 햇빛이 잘 들어오는 공간에 키워도 좋습니다. 추위에는 비교적 강해 북미와 북유럽에서도 인기가 있는 식물입니다.

소철의 꽃을 보기란 그리 쉽지 않으나, 구과형으로 원줄기 끝에 달리고 6~7월에 개화합니다. 수꽃은 솔방울과 비슷하고 암꽃은 손바닥 모양입니다. 소철은 특히 은행나무처럼 '정충'이 있어 바람에 의해 암꽃과 수정을 합니다. 열매는 8월~9월경에 빨간색으로 달리는데 안에 달걀 모양의 씨앗이 있습니다.

한방에서는 소철의 잎을 봉미초엽-鳳尾草葉, 종자를 철수과-鐵樹果라고 하여 약용하지만, 사이카신-Cycasin이라는 독성 성분이 함유되어 있어 생으로는 먹을 수 없습니다. 사이카신 성분은 사람과 애완동물에게 유독하나 항암작용을 하기도 합니다. 잎은 잘 말린 뒤 달여서 복용하는데 해독, 거풍, 활혈에 효능이 있고, 종자는 거담, 해수 등에 효능이 있습니다.

애완동물들이 종종 잎을 먹고 문제를 일으키기도 하므로, 가정에서 키울 때는 애완동물의 접근에 주의하는 것이 좋습니다. 그 외 소철의 잎을 이용하여 바구니 따위를 만들어 사용하기도 합니다.

1 중부이남지방에서 노지에서 키우는 소철
2 방사형으로 퍼지는 소철 잎

햇빛을 좋아하므로 아주 밝은 실내에서 키워야 합니다. 야외에서 키우다 실내로 옮기면 잎의 색상이 바래질 수도 있습니다. 성장 적정 온도는 20~25도이며 월동 가능 온도는 0도입니다. 물은 약간 건조하게 관수하며 겨울에는 물을 거의 공급하지 않아도 됩니다. 번식은 포기를 나누거나 꺾꽂이, 종자로 번식합니다. 종자 번식의 경우 과육을 제거한 씨앗을 파종하면 보통 1~3년 뒤 발아합니다.

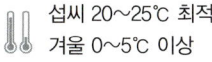 섭씨 20~25℃ 최적
겨울 0~5℃ 이상

 양지, 반양지

 흙이 바짝 마르면 관수

66
수려한 잎을 가진 덩굴식물
그레이프 아이비
Cissus rhombifolia "Ellen Danica

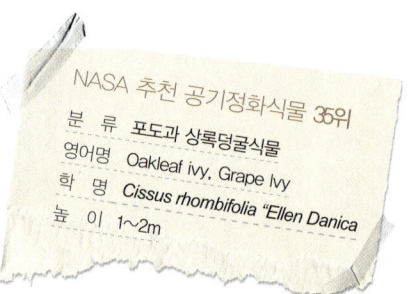

NASA 추천 공기정화식물 35위
- 분 류 포도과 상록덩굴식물
- 영어명 Oakleaf ivy, Grape Ivy
- 학 명 *Cissus rhombifolia "Ellen Danica*
- 높 이 1~2m

관공서, 공공장소, 호텔 로비의
공기정화식물

우리나라의 담쟁이덩굴처럼 자라는 그레이프 아이비는 잎 모양이 '바늘잎참나무'와 비슷해 영어로는 오크리프아이비-Oakleaf ivy라고도 불립니다.

품종에 따라 멕시코, 콜롬비아가 원산지이거나 호주, 뉴질랜드가 원산지인 것도 있으며, 잎 모양도 다이아몬드형 등이 있는데, 바늘잎참나무 잎처럼 생긴 'Ellen Danica' 품종이 좋습니다.

'Ellen Danica'는 그레이프 아이비중 가장 인기 있는 품종이며 아름답고 우아한 잎은 호텔 중앙 홀, 발코니 등을 장식하는 식물로 안성맞춤입니다.

그레이프 아이비 잎은 광택이 나는 녹색이며 덩굴손이 있어 나무나 격자를 타고 오르는 속성이 있습니다. 'Ellen Danica' 품종은 잎 모양이 바늘잎참나무 잎처럼 깊게 갈라집니다. 덩굴 길이는 길지 않지만 성장 속도가 빠르고 잎이 무성하게 달려 가지치기로 모양을 만들 수 있습니다. 가지치기는 보통 이른 봄에 합니다.

국내에서는 대형 화원을 통해 '시써쓰'라는 이름으로 유통되고 있는데, Ellen Danica이거나 그 유사 종입니다.

시써스 품종

 공기정화 포인트

실내에 떠도는 각종 유해물질을 제거할 수 있습니다. 가정이나 사무실에서 키울 경우 걸이분이 좋습니다. 저조도에서도 성장이 양호해 공공장소나 호텔 등 대형 실내의 인테리어 식물로 안성맞춤입니다. 추위에는 약한 편이며, 여름철 직사광선에는 잎이 타들어갈 수 있으므로 햇빛을 가려줘야 합니다. 성장 조건이 좋으면 오랫동안 키울 수 있습니다.

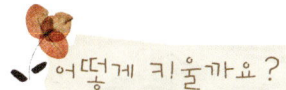 어떻게 키울까요?

반양지, 밝은 그늘에서 잘 자랍니다. 권장 생육 온도는 14~29도입니다. 물은 흙이 말랐을 때 관수하지만 촉촉하지 않도록 해야 하며, 약간의 건조기에 견딜 수 있지만 너무 건조하면 응애가 발생합니다. 비료는 1년에 4회 공급하며 새 잎이 짙은 녹색이 아닐 경우 공급합니다. 번식은 꺾꽂이 또는 휘묻이로 합니다.

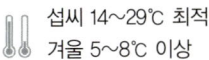 섭씨 14~29℃ 최적
겨울 5~8℃ 이상
 직사광선은 차광
 흙이 말랐을 때 관수

Part 13

부와 행운, 명예를 불러오는 공기정화식물

흔히 부와 행운을 불러오는 식물을 금전수, 재물수라고 하는데
이는 식물이 갖는 독특한 특성이나 상징 때문에 상술로 활용됩니다.
이러한 행운목, 백량금, 크라슐라, 군자란 등은 공기정화 능력도 좋지만
개업, 집들이 등의 축하선물로도 많이 애용합니다.

옥수수 잎을 닮은 행운 가득한 식물 행운목

행운과 부를 상징하는 백량금

동전 모양의 잎을 가진 다육식물 크라슐라

난-蘭이 아닌 난-蘭 군자란

67

옥수수 잎을 닮은 행운 가득한 식물
행운목 드라세나 맛상게아나

Dracaena FragransMassangeana

NASA 추천 공기정화식물 11위
분 류 용설난과
영어명 Corn plant
학 명 *Dracaena FragransMassangeana*
높 이 6m

화원에서 '행운목'이라는 이름으로 더 알려진 맛상게아나의 학명은 정확하게 *'Dracaena Fragrans Massangeana'*입니다. 식물원 등 온실을 자주 다녀본 사람이라면 '드라세나 맛상게아나'라는 이름표의 행운목을 기억할 수 있을 것입니다. 2m쯤 되는 훤칠할 키도 시원하지만, 어른 팔뚝만한 잎들이, 머리끝에서 무성하게 달려 누구에게나 인상적이었을 법합니다.

행운목은 이름에서조차 예전부터 꾸준히 사랑을 받아온 식물입니다. 영어로는 어른 팔뚝만한 잎이 옥수수 잎을 닮았다고 하여 '콘 플렌트'라고 부르는데, 서양에서는 고풍스러운 집을 장식하는 식물로 호평을 받고 있습니다.

공기정화 포인트

포름알데히드 제거에 효능이 있으므로 흡연실이나 카펫이 깔린 응접실, 새로 산 목재가구, 합판류, 인테리어를 새로 했을 때, 새 아파트에 입주할 때 효과적입니다. 또한 호텔, 별장, 펜션, 거실, 집무실, 접견실 등을 클래식하게 꾸밀 때 좋습니다.

1 전주 한국도로공사 수목원 행운목
2 드라세나 프라그란스 린데니아나 (*Dracaena Fragrans Lindeniana*)

부와 행운. 명예를 불러오는
공기정화식물

에티오피아, 기니, 나이지리아가 원산지이며 다른 품종과 달리 잎 가운데에 희미한 노란색 줄이 있습니다. 유사종은 '드라세나 프라그란스', '드라세나 프라그란스 맛상게아나 콤팩타', '드라세타 프라그란스 빅토리아', '드라세나 프라그란스 린데니아나' 등이 있는데 그중 공기정화 능력이 가장 뛰어난 품종이 행운목, 즉 드라세나 맛상게아나입니다.

아이보리색의 꽃은 보통 12월경에 피고 연한 향기가 있습니다. 꽃이 피면 행운이 온다하여 행운목일까요? 자생지에서는 6m 내외로 성장하지만 국내에서는 3m 높이까지 성장합니다.

1 10년에 한번 꽃이 핀다는 행운목의 꽃
2 드라세나 프라그란스 빅토리아(*Dracaena Fragrans Victoria*)

햇빛을 좋아하지만 반음지와 실내조명에서도 성장이 양호합니다. 생육 온도는 20~25도 내외이며 고온다습한 환경에서 잘 자라며, 물은 겉흙이 마르면 공급하는데 여름에는 하루에 1~2회, 겨울에는 조금 줄여서 공급합니다. 잎끝이 갈색으로 마르면 물과 비료 공급 방식을 조절합니다. 번식은 오래된 줄기를 잘라 심으면 됩니다.

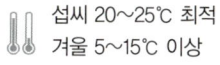 섭씨 20~25℃ 최적
겨울 5~15℃ 이상

 반양지

 겉흙이 마르면 관수

68
행운과 부를 상징하는
백량금
Ardisia crenata SIMS

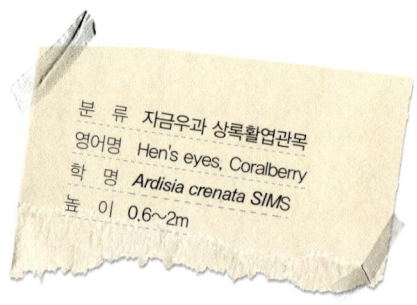

분 류 자금우과 상록활엽관목
영어명 Hen's eyes, Coralberry
학 명 *Ardisia crenata SIMS*
높 이 0.6~2m

동양에서 부를 상징하는 식물인 백량금

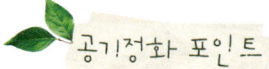 공기정화 포인트

포름알데히드 제거 능력이 스파티필름보다 뛰어나므로 새집증후군이나 회사 흡연실 등에 적당합니다. 또한 행운과 부를 상징하여 개업식이나 집들이 선물로도 많이 권해줍니다. 중부이북에서는 실내에서 키우는 것이 좋으며, 남부지방에서는 노지에서 키울 수 있는데 보통 큰 나무 밑에 2~3그루를 함께 심으면 관상 가치를 높여줍니다. 특히 잔가지가 많이 갈라지므로 분재용으로도 많이 사용합니다.

부와 행운, 명예를 불러오는
공기정화식물

백량금은 우리나라를 비롯하여 중국, 대만, 일본, 인도 등의 어두운 숲에서 자생합니다. 오래 전부터 실내식물로 인기가 많았던 백량금의 잎은 7~12cm 길이에, 너비 2~4cm의 타원형이거나 바소꼴이고 가장자리에 둔한 톱니가 있으며, 톱니 사이에는 가는 털이 나 있습니다. 원줄기에서 잔가지가 많이 갈라지면서 잎이 어긋나게 달립니다.

꽃은 6월에 10여개 이상이 산형꽃차례로 달리며 흰색에 깨알 같은 검정색 점이 있고 꽃잎은 끝 부분이 5개로 갈라집니다. 열매는 지름 1cm의 둥근모양이며 진한 붉은 색으로 익는데 새가 먹지 않는다면 10개월 이상 달려있어 장식용으로 사용할 수 있습니다.

빨간색을 좋아하는 중국에서는 백량금이 행운과 부를 상징하기 때문에 개업식 선물로도 인기가 있습니다.

중국에서는 백량금을 부를 때 '만2천냥금-12,000Gold'이라고 불렀던 적이 있는데 이것이 후에 '만냥금'으로 변했다가 지금의 '백량금'이 되었다는 설이 있습니다.

또한 일본에서도 백량금을 한 때 큰 값을 주어야 살 수 있을 정도로 고가였다는 설이 있어, 과거에는 백량금이 그만큼 가치있는 식물로 유명했던 것 같습니다.

한방에서는 백량금의 뿌리를 주사근-朱砂根이라 하며 약용하는데 해열, 해독, 통증, 타박상, 각종 염증에 효능이 있습니다. 잎은 주사근엽-朱砂根葉이라 하여 피를 잘 돌게 하고 타박상, 염증에 효능이 있습니다.

백량금은 1997년에 '산림청 선정 희귀 및 멸종위기식물'로 지정되어 있습니다. 화원을 통해 구입하는 백량금은 대부분 재배종이라고 할 수 있습니다.

1 백량금 꽃 2 백량금 열매
3 백량금 개량품종인
 '시리멘'(흰백량금)의 열매

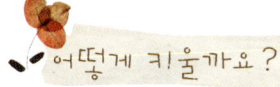
어떻게 키울까요?

반그늘이나 음지에서도 생육이 양호하고 어떤 환경에서도 강인한 생명력을 자랑합니다. 하지만 추위와 공해에 약하므로 중부이북에서는 실내에서 키워야 하며, 얼음이 얼기 전 반드시 실내로 옮겨야 합니다. 물은 일주일에 한번 공급하되 겨울철에는 줄여주고 비료는 한 달에 한번 공급합니다. 번식은 종자 번식만 가능합니다.

 섭씨 20~30°C 최적
겨울 10°C 이상

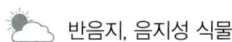 반음지, 음지성 식물

 흙이 마르면 흠뻑

69
동전 모양의 잎을 가진 다육식물
크라슐라 염좌
Crassula Portulacea

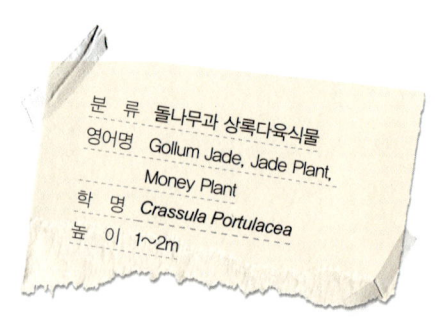

분 류 돌나무과 상록다육식물
영어명 Gollum Jade, Jade Plant, Money Plant
학 명 Crassula Portulacea
높 이 1~2m

서울대공원 식물원 크라슐라

남아프리카 원산의 크라슐라는 영어로 Jade Plant, Friendship Tree, Lucky Plant, Money Plant 등 여러 가지 이름으로 불리고 우리나라에서는 '염좌', '화월', '돈나무'라고 불리는 다육식물입니다.

키는 1~4m 내외, 잎은 마주보고 쌍으로 나며, 잎 색상은 비취색에 두툼한 다육질입니다.

꽃은 이른 봄에 가지 끝에서 달리는데 색상은 핑크색을 띤 흰색이며 꽃 모양은 돌나물의 꽃과 닮았습니다.

공기정화 포인트

크라슐라는 오래전부터 분재로 유명한 식물이지만, 포름알데히드를 제거하는 기능도 매우 뛰어난 식물입니다. 가정에서 키울 때는 반그늘이나 햇빛이 잘 들어오는 곳에서 키우는 것이 좋고 여름 직사광선은 피해야 합니다. 일정한 크기로 자라면 가지치기를 하여 모양을 다듬는 것이 좋은데 가지치기는 보통 봄에 합니다.

부와 행운, 명예를 불러오는
공기정화식물

크라슐라에 돈나무라는 별명이 붙은 것은 1980년경으로 중국의 풍수사상과 밀접하게 관련되어 있습니다.

중국 풍수사상에는 동전 모양의 잎을 가진 나무를 집안에 두면 돈이 많이 들어온다는 풍수가 전해집니다. 크라슐라의 잎도 동전 모양과 비슷하여 당시 대만 사람들에 의해 돈나무라는 별명이 붙었고, 그 후 중국의 신년 선물로 큰 인기를 얻게 됩니다. 국내에도 많이 보급되어 다육식물같은 선인장류를 판매하는 화훼도매점을 통해 크라슐라를 구입할 수 있습니다.

중국 풍수사상에 입각한 돈나무는 여러 종이 있다고 합니다. 금전수-*Zamioculcas zamiifolia*와 우주목-*Crassula ovata*은 이미 오래전부터 돈나무로 유명했고, 1980년대부터는 크라슐라-*Crassula Portulacea*와 파키라-*Pachira Aquatica*도 집안에 재물을 모이게 하는 금전수로 알려져 있습니다.

크라슐라 꽃

햇빛을 좋아하지만 반그늘에서도 성장이 양호합니다. 수분은 보통으로 공급하되 10~20일에 한번 주고, 겨울에는 아주 조금씩 줍니다. 과습할 경우에는 잎이 썩고, 직사광선에 장시간 노출하면 잎이 타들어가므로 유의해야 합니다. 번식은 줄기 또는 잎을 잘라 심으면 됩니다.

 섭씨 15~30℃ 최적
겨울 5℃ 이상

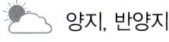 양지, 반양지

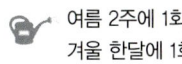 여름 2주에 1회
겨울 한달에 1회

70
난-蘭이 아닌 난-蘭
군자란
Clivia miniata

NASA 추천 공기정화식물 1위
분 류 수선화과 여러해살이풀
영어명 Kaffir lily, Bush lily
학 명 *Clivia miniata*
높 이 50cm

희한하게도 이름은 군자란-君子蘭이지만 난-蘭과가 아닌 수선화과에 속하는 식물입니다. 18세기경 유럽에서 일본과 중국에 전래되었을 때 일본인 식물학자에 의해 군자란-君子蘭이라는 이름이 붙었는데 군자란을 보고 난-蘭이 연상되었나 봅니다.

 공기정화 포인트

포름알데히드 제거 기능이 매우 우수한 식물입니다. 반음지에서도 성장이 양호하여 거실, 사무실 뿐만 아니라 색상이 화려한 점을 활용하여 양품점 매장 등의 쇼윈도에도 잘 어울립니다. 꽃과 잎 모두 관상가치가 높고 분재용으로도 안성맞춤입니다.

부와 행운, 명예를 불러오는
공기정화식물

군자란이 주는 느낌 또한 동양적 분위기를 자아내는데, 재미있게도 군자란의 원산지는 남아프리카입니다. 자생지에서는 주로 큰 나무 밑이나 관목림의 그늘에서 자라며, 우리나라에는 원예식물로 도입되었으나 추위에 약해 실내에서 많이 키웁니다.

알뿌리에서 올라온 잎은 길이 45cm, 너비 5cm 내외이고 2장씩 직립해서 자랍니다. 자생지에서는 여름에 꽃이 피지만 국내에서는 이른 봄인 1~3월에 주홍색 꽃이 12~20개씩 핍니다. 주홍색의 꽃은 깔때기 모양이며 꽃잎은 6개, 수술도 6개입니다. 열매는 8월에 붉은 색으로 익습니다.

군자란은 1823년 남아프리카공화국의 쿠아줄루 나탈주-Kwazulu Natal에서 영국으로 전래되었고 이 무렵 빅토리아 시대와 맞물려 영국은 물론 유럽 전역에서 실내식물로 인기를 얻게 되었습니다. 그러나 남아공 자생지에서는 해안가는 물론 고지대 숲속에서 볼 수 있는 군자란이 원예업자와 약용으로 사용하려는 원주민들, 그리고 건설업자에 의해 파괴되면서 개체수가 현저하게 줄어들고 있다고 합니다.

1923년경 일본의 한 원예가가 청나라 마지막 황제인 푸이에게 군자란을 선물하였는데, 왕비가 죽자 왕비의 명복을 빌기 위해 군자란을 놓고 제사를 지내기도 했답니다. 알뿌리에는 리코린-lycorine이라는 독성 성분이 미약하게 함유되어 있으므로 함부로 섭취할 수 없습니다. 대신 살균 성분이 있어 좀약으로 사용할 수 있고 민간에서는 거담, 백일해, 해열제로 사용하기도 합니다. 꽃은 품종에 따라 주홍색, 노란색, 황금색, 흰색 등이 있고 잎도 품종에 따라 무늬종이 있으므로 기호에 맞는 품종을 기를 수 있습니다.

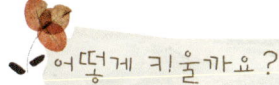

햇빛에서도 잘 자라지만 보통은 고온다습한 반음지에서 키우는 것이 좋습니다. 권장 생육 온도는 15~25도이며 월동 가능 온도는 0~3도입니다. 시든 잎은 그 즉시 아래 부분에서 떼어주는 것이 좋습니다. 수분은 흙이 말랐을 때 공급하는데 보통 3~4일에 1회 공급합니다. 종자 또는 포기나누기로 번식할 수 있는데 종자 번식의 경우 발아까지 4년 정도 소요됩니다.

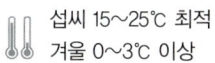 섭씨 15~25℃ 최적
겨울 0~3℃ 이상

 반음지

 3~4일에 한번

아토피에 좋은
공기정화식물

현대사회로 오면서 환경적 요인으로 인한 아토피 발생이
급증하는 추세입니다. 각종 테라피용 식물들도 많이 나오고 있지만
그중 많이 알려진 구아바, 페퍼민트, 라벤더, 캐모마일 등은 피부가려움증이나
각종 피부트러블 해소, 목욕제, 항균작용 등을 돕습니다.

잉카인들이 즐겨 먹던 구아바
사과향의 아로마테라피 캐모마일
피부에 청량감을 주는 페퍼민트
살균과 항균에 강한 세이지
아로마테라피 허브 여왕 라벤더

71

잉카인들이 즐겨 먹던
구아바

Psidium guajava

분 류	도금양과 열대상록관목/교목
영어명	Apple Guava
학 명	*Psidium guajava*
높 이	3~7m

TV CF에도 잠깐 나왔던 구아바는 옛 잉카 사람들이 즐겨 재배했던 과실수로 유명합니다. 주로 멕시코, 카리브해, 남미, 아시아 열대지방과 아열대지방에서 자생하며, 세계적으로 약 100여종의 유사종이 있습니다.

구아바의 잎은 마주나는데 짙은 녹색의 혁질이고 달걀 모양이거나 긴 타원형이며 길이 5~15cm 내외입니다. 잎에 상처를 내면 향긋한 향기가 풍깁니다.

꽃은 봄~여름 사이에 잎겨드랑이에서 달리며 흰색이고 꽃잎은 4~5개, 다수의 수술이 있는데 곤충에 의해 수분을 맺습니다.

공기정화 포인트

구아바는 열대식물 중에서 가장 뛰어난 포름알데히드 제거 식물입니다. 국내 자생종 식물중에는 고비, 맥문동, 소나무가 외국산 열대식물보다 포름알데히드를 잘 제거하는데, 구아바는 거의 맥문동과 비슷할 정도로 탁월합니다. 특별히 알려진 독성이 없으므로 가정에서 쉽게 키울 수 있고, 잘 말린 잎은 항알레르기 성질로 아토피피부염 등을 예방하는 목욕제로도 사용합니다.

열매는 둥근 공 모양이거나 달걀 모양이고 껍질은 노란색, 알맹이는 붉은색으로 익는데 포유동물이나 새가 즐겨 먹고, 사람이 먹을 수 있습니다. 구아바 열매는 과즙이 풍부해 껍질채 먹을 수 있을 뿐 아니라 잼, 젤리, 통조림으로 먹을 수 있습니다. 씨앗은 열매를 먹은 동물에 의해 다른 장소로 이동되어 번식하는데, 번식률이 매우 뛰어나 미국의 어떤 도시에서는 구아바를 경작지 침범 위해 식물로 지정하기도 하였습니다.

구아바나무의 목재와 잎은 훈제요리를 할 때 활용하곤 하는데 바비큐 요리에 자주 사용하며, 육질을 맛깔나게 하는 것은 물론 수확한 잎은 차로도 우려 마실 수 있습니다.

구아바라는 이름은 카리브해와 남미지역 최대 부족이었던 아라와크족-Arawak의 언어인 'Guayabo'에서 유래되었습니다. 아라와크족 언어가 스페인어에서 'Guayaba'로 변했다가 지금의 Guaba라는 명칭이 되었다고 합니다.

1 구아바나무 열매
2 구아바나무 잎   3 구아바나무 꽃

어떻게 키울까요?

햇빛을 아주 좋아하며 반양지에서도 성장이 가능합니다. 과습 및 건조한 토양에서도 성장이 양호한 편이고 기후 및 토양에 대한 적응 능력이 탁월한 편입니다. 수분은 흙이 약간 마르면 충분히 공급합니다. 번식은 꺾꽂이 또는 종자로 하는데 종자 번식의 경우 환경이 잘 맞으면 7~14일 뒤 발아합니다.

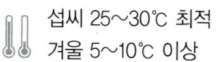 섭씨 25~30℃ 최적
겨울 5~10℃ 이상

 양지, 반양지

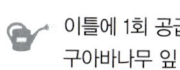 이틀에 1회 공급
구아바나무 잎

72
사과향의 아로마테라피
캐모마일
Anthemis nobilis, Matricaria recutica

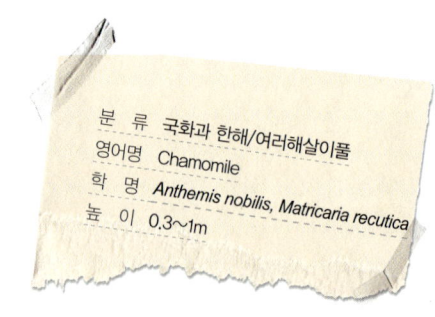

분 류 국화과 한해/여러해살이풀
영어명 Chamomile
학 명 Anthemis nobilis, Matricaria recutica
높 이 0.3~1m

국화과 식물의 캐모마일은 로만 캐모마일-*Anthemis nobilis*과 저먼 캐모마일-*Matricaria recutica*이 유명합니다.

두 개체 모두 건성, 습진, 가려움증, 피부염증에 대해 전통적으로 사용된 식물이며 아로마테라피와 각종 목욕 요법, 캐모마일 차로 피부질환을 진정시키는 효과가 있습니다. 일반적으로 향과 아로마테라피 면에서는 로만 캐모마일을, 약용으로는 저먼 캐모마일을 추천합니다.

꽃에서 사과향이 나, 그리스어의 Chamai-Ground+Melon-Apple, 즉 '땅에서 나는 사과'라는 뜻에서 캐모마일-Chamomile이란 이름이 붙었습니다.

공기정화 포인트

가정에서는 키가 작고 향이 좋은 로만 캐모마일을 키우는 것이 적당합니다. 캐모마일 차는 잘 말린 꽃잎을 2스푼 정도 물에 타 마십니다. 꽃이 아름답고 향이 좋기 때문에 카페에도 잘 어울립니다. 예로부터 병실에서 각종 병균을 정화하는 용도로 사용되었기 때문에 실내 공기정화에도 효능이 있습니다. 드물지만 때때로 꽃가루가 알레르기를 유발할 수도 있으므로 국화과의 애스터나 각종 국화꽃에 알레르기 반응이 있는 사람이라면 권장하지 않습니다.

아토피에 좋은
공기정화식물

로만 캐모마일은 여러해살이풀이며 흔히 정원용 캐모마일이라고 불립니다. 세계적으로 유럽, 북미, 아르헨티나 등에 분포하고 있으며 높이 30㎝ 내외로 자랍니다. 줄기는 옆으로 기는 성향이 있고, 잎은 어긋나게 달립니다.

자생지에서의 꽃은 6~7월 사이에 피지만 최근 품종들은 정해진 개화시기없이 5월~9월 사이에 꽃을 볼 수 있습니다.

약리작용으로는 고대 이집트에서부터 부종, 황달, 살균, 항생, 구충의 약으로 사용했으며, 향이 좋아 영국 버킹검 궁전에서는 잔디 대신 로만 캐모마일을 심는다고 합니다. 반면 저먼 캐모마일은 한해살이풀이며 유럽이 원산지입니다. 줄기는 50~100㎝ 내외로 자라며, 잔털이 거의 없고 잔가지가 많이 갈라집니다.

캐모마일은 예로부터 아로마테라피와 각종 화장수 사용되었으며, 금발머리를 더 밝게 만든다 하여 금발머리의 세발, 그리고 숙면을 취하게 하는 꽃으로 알려져 있습니다. 또한 스트레스를 완화함은 물론, 위장 장애, 진정, 관절염에 효능이 있고, 시든 꽃에 캐모마일을 우려낸 물을 주면 소생한다고 합니다.

저먼 캐모마일

캐모마일류는 햇빛을 좋아하지만 반양지에서도 성장이 양호합니다. 물빠짐이 좋고 보습성이 좋은 토양에서 잘 자랍니다. 여름철에는 직사광선을 피하고 물을 충분히 관수합니다. 번식은 포기나누기, 꺾꽂이, 종자로 합니다.

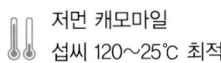
저먼 캐모마일
섭씨 120~25℃ 최적

양지, 반양지

겉흙이 마르면 흠뻑

73 피부에 청량감을 주는
페퍼민트
Mentha piperita

분 류 꿀풀과 여러해살이풀
영어명 Peppermint
학 명 *Mentha piperita*
높 이 90cm

페퍼민트는 워터민트-*Mentha aquatica*와 스피어민트-*Mentha spicata*가 자연교배된 품종이며 주로 유럽에서 자생하다가 전세계에 알려졌습니다. '생물 분류학의 아버지'인 칼 린네-*Carolus Linnæus*, 그의 라틴어 이름조차 영국에서 이 식물을 처음 봤을 때는 잡종이 아닌 순종으로 취급하였는데 현대에 와서는 교잡종이라는 점에 대해 이견이 없습니다. 페퍼민트라는 이름은 식물 향이 후추-pepper처럼 톡 쏜다 해서 붙었습니다.

높이 약 90㎝로 자라는 페퍼민트는 네모진 줄기가 뿌리에서 올라온 뒤 잔가지가 거의 갈라지지 않고 원줄기에서 잎이 마주납니다. 잎은 4~9cm 내외로 가장자리에는 톱니가 있고 어두운 녹색에 붉은 빛을 띤 5~8쌍의 잎맥이 있습니다.

공기정화 포인트

페퍼민트의 멘톨 향이 청량감을 주고, 페퍼민트 오일은 가려움증을 제거하는 등 피부 진정효과를 가져옵니다. 가정에서는 거실, 공부방 등 밝은 실내에서 키우되 하루에 1~2시간 햇빛에 내놓으면 잘 자랍니다. 비옥한 토양에서는 번식률이 매우 활발해 정원에서 키울 경우 정원을 뒤덮을 수도 있습니다.

페퍼민트

꽃은 6~7월에 잎겨드랑이에서 수상꽃차례로 달리고 꽃의 색상은 보라색입니다. 종 모양의 꽃은 길이 6~8mm 내외이고, 꽃받침은 5개로 갈라지며 꽃부리는 4개로 갈라집니다. 페퍼민트는 씨앗을 맺지 못하는 경우가 많으므로 화원에서 판매하는 씨앗은 때때로 스피어민트의 씨앗일 경우가 많습니다.

페퍼민트의 주요 성분인 멘톨은 아이스크림, 껌, 과자, 티, 치약 등에 사용되고, 각종 요리의 향신료로 유명합니다. 의학적으로는 피부 살균, 항균, 통증, 감기, 기관지염, 폐렴, 식중독, 신경통, 과민성대장증후군, 원기회복 등에 효능이 있습니다. 예로부터 아로마테라피로도 사용되어 페퍼민트 오일이 함유된 샴푸와 비누는 피부에 청량감을 줍니다. 그러나 페퍼민트나 페니로얄 같은 박하류 식물들은 풀레곤-Pulegone 성분의 독성 여부가 꾸준히 제기되고 있으므로 임산부의 경우 잎을 생으로 먹거나 과다 섭취하지 않는 것이 좋습니다.

1 페퍼민트 꽃
2 페퍼민트 잎

반양지 또는 음지에서 잘 자랍니다. 자생지가 영국의 냇가나 연못가이므로 저온 다습한 환경을 좋아합니다. 수분은 3일에 한번 공급하되 과습하지 않도록 주의합니다. 번식은 포기나누기, 꺾꽂이로 실시합니다.

| 겨울 -20℃에서 월동 가능 | 하루에 1~4시간 햇빛 | 흙이 마르면 충분히 |

74

살균과 항균에 강한
세이지
Salvia officinalis

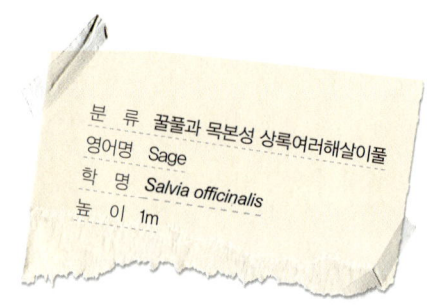

분 류 꿀풀과 목본성 상록여러해살이풀
영어명 Sage
학 명 *Salvia officinalis*
높 이 1m

체리세이지(*Salvia greggii*)

공기정화 포인트

세이지는 민트 계열의 식물이며, 민트 계열의 식물들은 대부분 살균 및 항균 효과가 있습니다. 꽃이 화려하고 향기가 좋기 때문에 가정집 거실, 베란다, 유치원, 카페 등에 잘 어울립니다.

아토피에 좋은
공기정화식물

세이지의 학명 *Salvia*는 라틴어 '치료'에서 유래되었으며 국내에는 수많은 품종의 세이지가 혼재되어 유통되고 있습니다. 예를 들어 연한 자줏빛 꽃이 피는 가든 세이지와 빨간색 꽃이 피는 가을 세이지를 둘 다 '세이지'라고 말하거나 또는 '체리세이지'라고 말합니다.

가든세이지-*Salvia officinalis*는 약용 및 향신료용 세이지로 유명하며 지중해가 원산지입니다. 항균, 항생, 살균, 소독, 수렴, 강장, 진경, 에스트로겐 보조, 저혈당증, 알츠하이머병 등에 효능이 있고, 육류요리의 소스로 사용됩니다. 역사적으로는 고대 유럽에서 뱀에 물린 상처나 여성의 월경 촉진을 위해 사용했지만 중추신경계를 자극하여 때때로 부작용이 발생할 수도 있으므로 임산부는 섭취하지 않는 것이 좋을 듯싶습니다.

블루세이지(원예종)

가을세이지-*S. greggii*는 가을에 꽃이 핀다하여 이름이 붙었으며 미국 텍사스와 멕시코에서 자생합니다. 꽃은 식용, 약욕, 관상용으로 좋으며 국내에서는 흔히 '체리세이지'라고 부릅니다.

베이비세이지-*S. microphylla*는 미국 아리조나와 멕시코 중심으로 자생하며, 가을세이지-*S. greggii*와 꽃 색상이 똑같고 둘 사이에 잡종이 많이 생산되어 노란꽃, 빨간꽃, 라벤더, 핑크, 흰색 품종과 2개 색상이 섞인 품종이 있습니다. 관상, 약용, 차로 마실 수 있는 베이지세이지는 꽃의 색상이 빨간색이기 때문에 국내에서는 '체리세이지'로 유통됩니다.

햇빛 또는 반양지에서 잘 자랍니다. 배수가 잘되는 토양에서 잘 자라며 건조에 강해 건식 조경에 어울립니다. 과습과 과비료는 세이지가 성장하는데 그다지 도움이 되지는 않습니다. 번식은 꺾꽂이로 실시합니다.

섭씨 10~15℃ 권장
겨울 -5~5℃ 월동

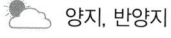 양지, 반양지

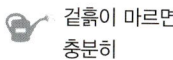 겉흙이 마르면 충분히

파인애플세이지-*S. elegans*는 멕시코와 과테말라의 고산지대에서 자생하며 파인애플 향이 납니다. 약리작용으로 소화, 정신불안, 근심해소, 기억력증진에 효능이 있습니다.

클라리세이지-*S. elegans*는 지중해와 중앙아시아 사이에서 자생하며 꽃과 잎의 향이 강해 아로마테라피 및 각종 향수, 비누 원료로 사용합니다. 항경련, 우울증, 방부, 진정, 수렴, 스트레스 해소의 약리작용이 있습니다.

그 외 멕시칸세이지-*S. leucantha*가 있고 원예종으로는 미스틱 스파이어 블루세이지, 트리컬러세이지, 잎에 무늬가 있는 세이지 등 다양한 종류가 있습니다. 초등학교 화단에서 흔히 볼 수 있는 사루비아-깨꽃도 세이지의 일종으로 브라질 열대우림이 그 원산지입니다.

체리세이지 꽃

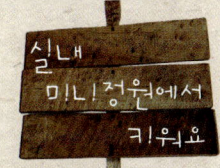

Crocus vernus

밤에 공기정화 효과가 탁월한
선인장

- 분 류 선인장과 다육식물
- 영어명 Cactus
- 학 명 *Cactaceae*
- 높 이 0.1~5m

대부분의 식물들은 낮에 광합성을 하면서 산소를 배출하고 이산화탄소를 흡수하는 역할을 합니다. 밤에는 광합성 작용을 하지 않고 일반적으로 이산화탄소를 배출합니다. 이산화탄소는 사람이 호흡할 때도 배출되는데 일정량 이상이 모이면 일산화탄소가 되어 사람들에게 치명적인 영향을 줍니다.

선인장 같은 CAM-Crassulacean Acid Metabolism, 크라슐산 대사 식물들은 이와 반대로 밤에 이산화탄소를 흡수하고 낮에 이산화탄소를 배출합니다. 따라서 실내식물을 많이 키우는 가정에서는 밤에 실내에 고여 있는 이산화탄소를 제거하는 것이 좋은데 이에 제격인 공기정화식물이 바로 다육질의 선인장류 식물입니다.

공기정화 포인트

밤에 이산화탄소를 흡수하여 실내 공기를 정화하는 효과가 있습니다. 침실이나 컴퓨터를 사용하는 공간, 전자제품이 있는 거실에서는 전자파를 제거하는 효과도 있습니다. 대부분의 선인장은 햇빛을 아주 좋아하지만 창가에서 1m 떨어진 밝은 곳에서도 성장이 양호하므로 굳이 창가 바로 옆에서 키울 필요는 없습니다. 산세베리아, 알로에 베라 등의 다육식물과 선인장은 아토피 피부염 개선 식물로도 잘 알려져 있습니다.

어떻게 키울까요?

대부분의 선인장은 햇빛을 아주 좋아하지만 한여름에는 직사광선을 피하는 것이 좋습니다. 월동 가능 온도는 품종에 따라 0~10도 내외입니다. 수분은 다 성장한 경우에는 월 1회, 성장기에 있는 경우에는 흙을 손으로 만져 완전히 말랐을 때 관수합니다. 물을 줄때는 줄기에 닿지 않도록 화분 주변의 흙에 주는 것이 좋습니다. 겨울에는 2개월에 한번 물을 관수합니다.

Tip 부채선인장 백년초

줄기가 납작한 부채 모양이어서 부채선인장이라는 이름이 붙었습니다. 시중에서는 '백년초'라는 이름으로 통합니다. 백년초(百年草)라는 이름은 100년 이상 오래 사는 식물 또는 100가지의 병을 다스린다 하여 붙여진 이름인데, 우리나라에서는 주로 제주도와 남해안에 자생종이 분포하고 있습니다. 비타민C, 칼슘, 플라노보이드 등을 포함하고 있어 항암, 노화억제, 골다공증 예방, 소염진통 작용 등에 효과가 있습니다. 특히, 가시와 껍질을 제거한 육질은 산모의 젖몸살에 특효약입니다.

여느 선인장처럼 밤에 이산화탄소를 흡수하고 산소를 내뿜는 성질이 있어 실내 공기정화에 탁월하며, 만성 호흡기질환에도 추천할만합니다. 기르기가 쉬워 배수가 잘되는 밭흙이나 화원에서 구한 분갈이 흙에 마사토 30~50%를 섞어 통풍이 잘되는 양지바른 곳에 두고 키우면 잘자랍니다. 물은 아끼되 화분의 흙이 완전히 마르면 그때 흠뻑 주세요.

75
아로마테라피 허브 여왕
라벤더
Lavandula angustifolia

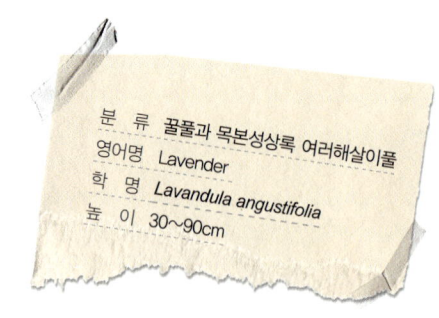

분 류 꿀풀과 목본성상록 여러해살이풀
영어명 Lavender
학 명 *Lavandula angustifolia*
높 이 30~90cm

지중해 연안, 동북 아프리카, 아랍, 인도서부가 원산지인 라벤더는 민트계열의 허브식물이며 세계적으로 40여종의 유사종과 수많은 원예종이 있습니다.

네모꼴의 줄기는 약 30~90cm 내외로 자라고 전체에 잔털이 있습니다. 바소꼴의 잎은 줄기에서 마주나거나 돌려나고 길이 4cm 내외입니다.

꽃은 6~9월에 긴 꽃대가 올라온 뒤 수상꽃차례로 달리는데 색상은 연한 보라색 또는 흰색입니다. 꽃에는 꿀샘이 풍부하여 벌들이 많이 찾고 단일 꽃에서 채취하는 꿀로는 최고로 치기 때문에 양봉업자들도 좋아합니다. 또한 사람이 먹을 수 있을 뿐 아니라 케이크의 장식으로 사용하거나 차로 마실 수 있습니다.

공기정화 포인트

고대 유럽부터 민간에서 각종 피부염 치료와 아로마테라피로 널리 사용되어 왔지만 최근 Cytotoxic 문제가 제기되고 있습니다. 간혹 꽃가루가 알레르기를 유발할 수도 있습니다. 향이 아름답기 때문에 카페나 파스타, 레스토랑 등에 잘 어울립니다.

아토피에 좋은
공기정화식물

꽃과 전초에서 채취한 라벤더 오일은 살균, 항염증 성분이 함유되어 있어 피부진정, 여드름, 벌레 물린 상처에 효능이 있고 각종 화장수, 목욕제로 사용할 수 있을 뿐 아니라 숙면에도 도움이 됩니다.

라벤더는 역사적으로 아로마테라피에 사용된 대표적인 허브식물로 허브의 여왕으로 꼽습니다. 라벤더의 유래가 되는 라틴어 lavare는 '씻는다'는 뜻을 가지고 있으며, 고대 로마인들은 욕조에 라벤더를 넣고 목욕을 하거나, 말린꽃으로 나방을 퇴치하기도 하였습니다. 당시 로마에서는 라벤더가 매우 비싼 식물이었다고 합니다. 한편 고대 그리스 사람들은 라벤더를 Nardus라고 불렀고 아랍에서는 Nard라고 불렀는데, 성경에도 Nard라는 식물이 등장합니다.

또한 라벤더는 예로부터 각종 피부염을 완화시키기 위한 민간요법으로 사용되었고 여기에는 여러 가지 과학적 사실이 입증되고 있지만, 최근 연구에 의하면 라벤더 오일이 세포독성 효과를 일으켜 광선과민증-햇빛에 의한 알레르기성 피부염, 일광피부염을 일으킬 수 있다고도 합니다. 따라서 임산부나 모유 수유중일 때는 라벤더 오일을 사용하지 않는 것이 좋습니다.

1 라벤더 꽃
2 프린지드 라벤더 꽃

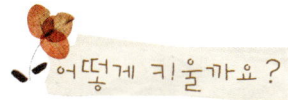

양지 또는 반양지에서 잘 자랍니다. 수분은 보통으로 관수합니다. 번식은 꺾꽂이 또는 종자로 실시하며, 종자 번식은 늦서리가 내리기 전에 뿌립니다.

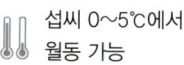
섭씨 0~5℃에서 월동 가능

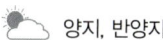
양지, 반양지

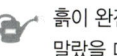
흙이 완전히 말랐을 때 관수

211

Part 15

창의력에 좋은 공기정화식물

창의력에 도움을 준다는 의미는 식물의 꽃이나
잎이 지닌 색이나 모양 등의 독특함에 있습니다. 이러한 식물들은
공기정화능력뿐만 아니라 관상을 목적으로 한 식물인 경우가 많습니다.
접란, 무스카리, 멀꿀, 튤립 등이 그 예입니다.

흰 줄무늬가 예쁜 난초 접란

주변을 화려하게 수놓는 튤립

포도송이처럼 생긴 꽃 무스카리

열매가 꿀처럼 달콤한 덩굴식물 멀꿀

고사리과 식물 네프롤레피스 오블리테라타

76
흰 줄무늬가 예쁜 난초
접란
Chlorophytum comosum "Vittatum"

NASA 추천 공기정화식물 **38위**
분 류 백합과 상록여러해살이풀
영어명 Spider plant
학 명 *Chlorophytum comosum "Vittatum"*

접란 Variegatum 품종

남아프리카 원산의 접란은 '덤불난초', '거미죽란'이라고도 말하며 영어로는 'Spider Plant'라고 말합니다. 잎에 흰색 또는 노란색 무늬가 있으므로 다른 난초와 쉽게 구분할 수 있으며 세계적으로 약 50여 품종이 있습니다. 야생에서 자란 접란은 때때로 줄무늬가 없는 개체도 있습니다.

 공기정화 포인트

포름알데히드와 일산화탄소 제거 능력이 있고, 가정에서 키울 때는 거실이나 주방에서 걸이분으로 키우는 것이 좋습니다. 초보자들도 쉽게 기를 수 있는 실내식물중 하나로 아파트, 회사, 학교에도 매우 잘 어울립니다.

뿌리에서 잎이 분수처럼 올라오며 잎 길이는 20~40cm 내외, 너비는 5~20mm 내외입니다. 기는 줄기는 땅에 뿌리를 내리고 새싹이 다시 올라옵니다.

꽃은 15cm 내외의 꽃대에서 총상꽃차례로 달리고 꽃의 색상은 흰색입니다. 백합과 식물답게 꽃 모양은 흰꽃나도샤프란과 비슷한데, 꽃잎은 6개로 깊게 갈라지고 수술은 6개, 암술은 1개입니다. 꽃은 품종에 따라 다르겠지만 사계절 내내 번갈아가며 핍니다.

*Chlorophytum comosum Vittatum*은 접란 품종의 하나로 잎은 40cm 내외로 자라고 흰줄무늬가 있으며 잎이 뒤로 말리는 속성이 있습니다. 꽃은 봄에서 여름 사이에 총상꽃차례로 달리고 흰색입니다. '*Mandaianum*' 품종은 줄무늬가 노란색이며, '*Variegatum*' 품종은 줄무늬가 녹색이고 잎 가장자리는 흰색입니다.

1 접란 비테치 품종
2 거미발처럼 달리는 새 잎

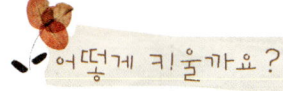

어떻게 키울까요?

반음지 또는 밝은 실내에서 성장이 양호합니다. 권장 생육 온도는 20~24도입니다. 수분은 보통으로 관수하는데 1~2주에 2~3컵의 물을 공급하며, 약간 건조해도 잘 자랍니다. 물은 미지근한 물이 좋고 산성이 높은 빗물은 사용하지 않습니다. 비료는 1개월에 한번 공급합니다. 잎 끝이 갈색으로 변할 경우에는 분무기로 습도를 조금 높여줍니다. 번식은 땅에 닿은 줄기에서 뿌리가 나오면 캐내서 옮겨 심거나 종자로 합니다.

섭씨 2~24℃ 최적
겨울 5℃ 이상

반음지

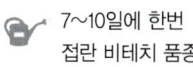
7~10일에 한번
접란 비테치 품종

77 주변을 화려하게 수놓는
튤립
Tulipa gesneriana

NASA 추천 공기정화식물 48위
분 류 백합과
영어명 Tulip
학 명 *Tulipa gesneriana*
높 이 20~50cm

튤립의 원산지는 중앙아시아와 남서부 유럽입니다. 16세기경 오스만제국에 의해 유럽에 알려졌고, 세계 최대 튤립 생산국으로 유명한 네덜란드에서는 1593년 Charles de l'Ecluse 라는 식물학자에 의해 최초로 재배됩니다. 네덜란드에서는 튤립의 황색, 적색, 흰색 꽃이 부와 교양의 상징이 되면서 인기를 얻었는데, 몇몇 교배종이나 돌연변이종처럼 기존의 색과 다른 색상의 꽃이 피는 튤립은 한층 높은 가격에 거래되었습니다.

튤립은 봄에 꽃을 피우기 때문에, 더 좋은 튤립이나 특이한 색상의 튤립을 확보하려면 이전 겨울에 미리 계약을 해야 했습니다. 네덜란드의 현대 금융 기법이 발전한 것은 튤립의 알뿌리를 선도구매 했던 역사적 배경에 기인합니다.

튤립하면 네덜란드 튤립 마니아-Tulip mania, 튤립 투기 사건으로 유명합니다. 1634~1637년 당시, 네덜란드는 유럽 최대의 경제대국이었습니다. 전통적인 귀족 세력보다 신흥 부자들이 팽창하였고 그들은 부의 상징인 튤립 확보에 힘을 쏟았습니다.

공기정화 포인트

실내 공기중 포름알데히드, 크실렌, 암모니아를 제거하는 효능이 있습니다. 추위에 강하므로 우리나라에서도 노지에서 키울 수 있습니다. 아파트 베란다나 단독주택의 정원, 학교 화단에도 잘 어울리며, 꽃이 예뻐서 각종 기념일에 꽃다발로도 선호도가 높습니다.

튤립 꽃

이미 많은 재산을 확보한 신흥 부자들은 단순한 색의 튤립보다는 돌연변이종이나 특이한 색상의 튤립이 피었던 알뿌리에 투기를 하였습니다. 신흥 부자들이 이듬해 봄에 꽃을 피울 알뿌리에 막대한 자금을 들여 입도선매하자 튤립 가격은 시장에 출하되기도 전부터 폭등하였고 가축이나 땅, 주택에 버금가는 고가로 거래되면서 전 국민이 튤립 투기 열풍에 휩싸이게 됩니다.

그리고 튤립 투기가 극성에 달했던 1637년경, 마침내 그 누구도 튤립 투기로는 이득을 보지 못한다는 것을 깨닫게 됩니다. 사람들은 투기에서 손을 떼기 시작했고 투자자와 원예업자들은 서로가 서로를 고발하는 양상이 벌어집니다. 사태의 심각성을 깨달은 네덜란드 정부는 이 사건을 해결하기 위해 튤립 투기에 사용한 비용의 10%만 인정하는 법률을 제정합니다. 국민들은 이 법률을 받아들였고, 그러자 열풍처럼 번졌던 튤립 투기 사건도 종지부를 찍게 됩니다. 이 사건은 지금도 버블경제를 논할 때 흔히 회자되곤 하는데, 당시 유럽 최대 경제대국이었던 네덜란드 경제를 휘청거리게까지 한 사건이었습니다.

1 튤립 알뿌리
2 튤립의 꽃봉오리

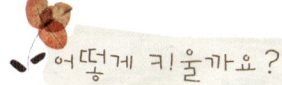

어떻게 키울까요?

햇빛을 좋아하며 반음지에서도 잘 자랍니다. 생육 적정 온도는 13~21도이며 월동 가능 온도는 5℃입니다. 물빠짐이 좋은 토양에서 수분은 항상 촉촉하게 유지하고 건조하지 않도록 해야 합니다. 종자 번식이 어려우므로 보통 알뿌리로 번식해야 하며 튤립 알뿌리는 큰 화원에서 구입할 수 있습니다. 알뿌리는 10월경 땅속 10cm 아래에 심는데 이듬해 봄에 꽃을 피우고, 종자 번식의 경우 9월에 씨앗을 뿌리면 6~7년 뒤 꽃을 보여줍니다.

섭씨 13~21℃ 최적
겨울 5℃ 이상

 양지, 반양지

 흙이 마르면 충분히

튤립은 품종에 따라 조금씩 다르지만 보통 늦겨울부터 초여름에 개화합니다. 꽃의 색상은 빨간색, 노란색 등이며 은은한 향이 있습니다. 키는 20~50cm 내외이고 잎은 아래에서 어긋나고 넓은 피침형입니다. 우리나라에서 튤립 꽃은 보통 4~5월에 볼 수 있는데 종 모양이며 위를 향해 핍니다. 수술대는 6개, 암술대는 기둥 모양입니다. 열매는 7월에 익으며 열매에서 채취한 씨앗으로 번식하려면 6~7년이라는 긴 시간이 필요합니다. 튤립은 네덜란드의 국화이기도 합니다.

화사한 봄소식을 알리는
크로커스

분　류　붓꽃과 여러해살이풀
영어명　Spring crocus
학　명　*Crocus vernus*
높　이　15~20cm

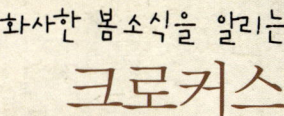
Crocus vernus

크로커스-Crocus vernus는 사프란-Crocus sativus과 같은 꽃이 피기 때문에 흔히 '사프란'이라고 불리지만 꽃 피는 시기와 꽃의 색상이 조금 다릅니다. 크로커스는 이른 봄인 2~4월경 꽃이 피고, 사프란은 늦가을인 10~11월경 핍니다. 또한 크로커스는 꽃의 색상이 다양하고 화려하지만 사프란은 자주색 꽃만 있고 색상이 덜 화려합니다. 이 때문에 외국에서는 크로커스를 'Spring crocus'라고 부르고 사프란은 우리가 흔히 부르는 이름인 사프란-Saffron과 동일하게 부릅니다. 약용 및 식용으로 유명한 사프란은 가을에 꽃이 피는 품종이며 봄에 피는 크로커스는 관상용으로 유명한데, 시중에 유통되는 것도 봄에 피는 크로커스가 더 많습니다.

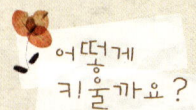

크로커스를 잘 키우려면 알뿌리를 심은 뒤에 실내에서 시원하고 어두운 곳에 두었다가 늦겨울에 햇빛이 잘 들어오는 베란다에 내놓고 꽃이 지면 다시 실내의 어두운 곳으로 옮겨줍니다. 번식은 종자, 포기나누기, 알뿌리로 하는데 알뿌리의 경우 10월경 심습니다. 물은 다른 식물과 달리 여름에는 조금 건조하게, 겨울에는 약간 보습성 있게 관수합니다.

78
포도송이처럼 생긴 꽃
무스카리
Muscari armeniacum

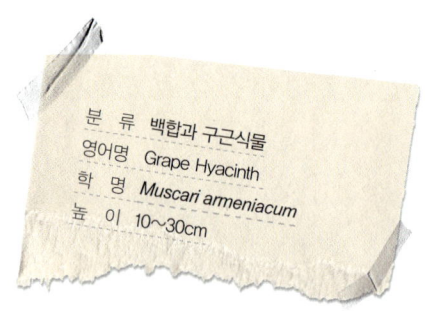

분 류 백합과 구근식물
영어명 Grape Hyacinth
학 명 *Muscari armeniacum*
높 이 10~30cm

공기정화 포인트

음이온을 발생해 공기청정 효과가 크고 공중습도를 조절하는 기능이 있습니다. 가정에서 키울 때는 베란다 등에서 암석정원을 꾸미고 키우거나, 햇빛이 들어오는 공부방 책상 위에 작은 화분에 키우면 안성맞춤입니다. 꽃에서 은은한 향이 나므로 기분을 좋게 만듭니다.

무스카리는 지중해와 서남아시아가 원산지이며 세계적으로 약 50여종의 유사종이 있습니다.

잎은 뿌리에서 바로 올라오며 7~10장으로 구성되어 있습니다. 길이는 10~30cm이고 색상은 연록색입니다. 4~5월이면 꽃대에서 남보라색 꽃이 총상꽃차례로 달립니다.

꽃의 색상은 품종에 따라 다른데 'M. armeniacum' 품종은 남보라색 꽃이, 'M. album' 품종은 흰색 꽃이, 'Cantab' 품종은 하늘색과 닮은 푸른색이, 'Fantasy Creation' 품종은 푸른색 꽃이, 'M. comosum' 품종은 자줏빛 꽃이 핍니다.

무스카리는 전초에 미약한 독성 성분이 있습니다. 가정에서 키울 때는 아이들과 애완동물이 꽃과 잎을 먹지 않도록 주의해야 합니다. 하지만 그리스에서는 예로부터 무스카리-M. comosum의 알뿌리를 피클로 담가먹기도 하였답니다. 학명의 Muscari는 라틴어 Muscus에서 따온 말로 꽃의 향기가 '사향-Musk' 냄새와 비슷하다고 해서 붙은 이름입니다.

햇빛을 좋아하지만 반그늘에서 키우며, 가정에서 키울 때는 베란다 등 햇빛이 비교적 잘 들어오는 곳에서 키워야 합니다. 토양은 물빠짐이 좋은 사질양토를 좋아하고 수분은 보통으로 관수합니다. 권장 생육 온도는 5~15도이므로 이른 봄에 꽃을 볼 수 있습니다. 알뿌리를 8~9월에 손가락 5마디 깊이에 심으면 번식됩니다.

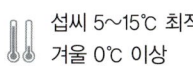 섭씨 5~15℃ 최적
겨울 0℃ 이상

 양지, 반양지

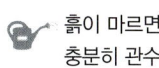 흙이 마르면
충분히 관수

79
열매가 꿀처럼 달콤한 덩굴식물
멀꿀
Stauntonia hexaphylla

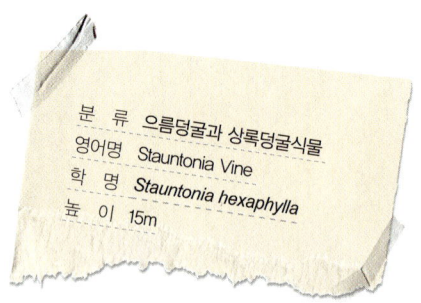

분 류 으름덩굴과 상록덩굴식물
영어명 Stauntonia Vine
학 명 *Stauntonia hexaphylla*
높 이 15m

멀꿀의 꽃

우리나라의 남부지방과 중국, 대만, 일본, 미얀마에서 자생하는 멀꿀은 잎과 꽃이 매우 아름다운 상록성 덩굴식물입니다. 주로 전라도와 경상도, 충청도의 섬에서만 자생하기 때문에 수도권에서는 좀처럼 보기가 어렵습니다. 따라서 식물원 등에서 멀꿀 덩굴을 만나면 우아한 생김새의 잎 모양에 반하고, 이른 봄 아니면 볼 수 없는 멀꿀의 꽃을 볼라치면 다발로 피어나는 종 모양의 꽃 때문에 감탄사가 절로 나옵니다.

 공기정화 포인트

실내 공기중 포름알데히드를 제거하는 능력이 산세베리아보다 뛰어납니다. 잎의 생김새가 우아하기 때문에 장식용으로 좋습니다. 카페 창가나 발코니 안쪽, 레스토랑 안쪽 창가를 꾸밀 수 있는 덩굴식물로 안성맞춤이고, 알려진 독성이 없으므로 유치원 실내의 덩굴식물로도 좋을 뿐 아니라, 가정에서는 분재로 키울 수 있습니다.

창의력에 좋은
공기정화식물

멀꿀의 잎은 줄기에서 어긋나고 풍차처럼 갈라진 상태에서 작은 잎이 5~7개씩 달립니다. 작은 잎은 난형이거나 타원형이고 길이 6~10cm이며 잎자루 길이는 3cm 내외입니다.

1 멀꿀의 열매 2 멀꿀덩굴 잎

멀꿀의 꽃은 4~6월에 총상꽃차례로 2~4개씩 달립니다. 색상은 황백색이고 달콤한 향기가 풍깁니다. 꽃 모양은 종 모양에 털이 없으며 꽃받침 잎은 6개인데 꽃잎처럼 보이고, 수술은 6개, 암술은 3개입니다.

10월에 익는 열매는 계란형이거나 타원형이고 길이 5~10cm 내외에 사람이 먹을 수 있습니다. 열매 안에는 평균 100개 이상의 씨앗이 들어있습니다.

한방에서는 잎과 뿌리를 약용하는데 이뇨, 강심, 통증에 효능이 있으며, 열매즙은 안구염증에 사용합니다.

멀꿀이란 이름은 열매가 꿀처럼 달다 하여 붙은 이름입니다. 제주도에서는 멍나무라고 부르는데 열매에 붉은 멍자국이 많다 하여 붙은 이름이랍니다. 국내 자생종 덩굴식물 중 가장 매력 있고 가장 아름다울 뿐 아니라, 여러모로 극찬받는 식물입니다. 최근에는 서양의 원예 애호가들에게도 멀꿀이 알려지는 추세인데 대부분 '상상력을 자극하는 멋진 식물'이라고 이구동성 놀라움을 표시합니다.

어떻게 키울까요?

햇빛을 좋아하지만 반음지에서도 성장이 양호하고, 추위에는 약해 중부이북에서는 실내에서 키워야 합니다. 권장 생육 온도는 16~25도이며 월동 가능 온도는 5도 내외이지만 짧은 시간이라면 -5도까지 견딜 수 있습니다. 비옥한 토양에서 잘 자라고 수분은 보통으로 관수합니다. 번식은 종자, 삽목, 접목, 분주, 휘묻이로 실시합니다. 종자 번식의 경우 발아하는데 18개월이 걸리고, 꽃을 보는 데는 10년 이상의 시간이 걸립니다. 보통은 가지를 잘라 삽목하는 것이 가장 빠릅니다. 수도권에서도 노지에서 멀꿀이 월동할 수 있지만 꽃을 볼 확률은 거의 없습니다.

 섭씨 16~25℃ 최적
겨울 5℃ 이상

 반양지

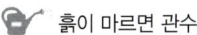 흙이 마르면 관수

80 고사리과 식물
네프롤레피스 오블리테라타 넉줄고사리류

Nephrolepis obliterata

NASA 추천 공기정화식물 13위
분 류 고사리과 양치식물
영어명 Kimberley queen
학 명 *Nephrolepis obliterata*
높 이 품종에 따라 다름

국내 자생종인 봉의꼬리

 **공기정화 포인트**

고사리과 식물들은 실내공기중 포름알데히드 제거에 특히 효과가 있습니다. 국내 자생종의 경우 비교적 추위에 강하지만 네프롤레피스 오블리테라타의 경우 열대산 고사리이므로 추위에 약합니다. 가정에서 키울 경우 분화나 베란다에서 키우는 것이 좋으며, 양지에서 잘 자라지만 직사광선에 노출시키지 않도록 해야 합니다. 고사리류는 대부분 증산작용이 활발할 뿐 아니라, 이슬이 몽글몽글 맺힌 녹색 잎이 두 눈을 즐겁게 합니다.

창의력에 좋은
공기정화식물

'네프롤레피스 오블리테라타'는 '보스턴고사리'와 같은 네프롤레피스 속이지만 국내에는 알려지지 않은 식물이며 '줄고사리'의 일종입니다. 네프롤레피스 오블리테라타는 국내에 보급되지 않은 상태이므로 그와 유사한 효과를 보이는 고사리류를 키우는 것이 좋은데, 이 가운데 포름알데히드 제거 기능이 뛰어난 '부처손', '봉의 꼬리', '십자고사리', '설설고사리', '고사리삼' 등을 키우는 것이 좋은 대안이 됩니다.

'부처손'은 엄밀한 의미에서 볼 때 석송과 식물입니다. 석송과의 이 식물은 포름알데히드 제거면에서 보스턴 고사리를 능가하고, 포름알데히드를 가장 잘 제거한다는 '고비'와 거의 비슷한 능력을 발휘합니다. 또한 '봉의 꼬리'는 보스톤 고사리와 막상막하의 포름알데히드 제거 능력을 보여주고 있으며, '고사리삼', '십자고사리', '설설이 고사리' 등도 야자나무나 드라세나보다 뛰어난 포름알데히드 제거 능력을 보여줍니다.

네프롤레피스 오블리테라타–*Nephrolepis obliterata*는 호주가 원산지인 넉줄고사리과 식물이며 영어로는 Kimberly Queen 고사리라고 부릅니다. 다른 고사리와 달리 다습한 환경을 매우 선호하며 이 때문에 보스턴 고사리에 비해 키우기 힘든 것으로 알려져 있습니다. 권장 생육 온도인 15~21도 사이이며, 물이 과습하거나 부족할 때 민감하게 반응합니다. 실내공기중 포름알데히드, 크실렌, 톨루엔을 제거하는 효과가 있습니다.

1 큰 알록봉의 꼬리　2 국내 자생종인 십자고사리
3 공기정화능력이 매우 뛰어난 자생종 부처손

봉의꼬리–*Pteris multifida Poir*는 꼬리고사리과의 양치식물로 높이 30~70cm 내외로 자랍니다. 우리나라 남부지방과 중국, 대만, 일본, 인도네시아 등의 큰 나무 밑이나 바위 틈에서 자생하며, 유사종은 '큰 봉의 꼬리'와 잎 무늬가 아름다운 '알록 큰 봉의 꼬리'가 있습니다. 실내공기중 포름알데히드를 제거하는 기능이 치자나무와 비슷할 정도로 매우 뛰어납니다.

부처손–*Selaginella tamariscina*은 높이 약 20cm 내외로 자라며 우리나라 전국의 고산지대 바위틈에서 볼 수 있고 중국, 일본, 인도네시아, 필리핀, 러시아 등에서도 자생합니다. 맥문동보다 포름알데히드를 잘 제거하는 이 식물은 분재로 키우는 경우가 많으며, 유사종으로는 '개부처손'이 있습니다.

십자고사리–*Polystichum tripteron C.Presl for. tripteron*는 고란초과 식물이며 산지 반음지에서 볼 수 있는데, 높이 60cm 내외로 자랍니다. 제주도에서는 오름에서 많이 볼 수 있는데, 실내공기중 포름알데히드 제거 능력이 파키라, 인도고무나무와 비슷합니다.

설설고사리–*Thelypteris decursive-pinnata Ching*는 남부지방의 계곡가나 바위 근처, 돌담장 밑에서 자생하며 높이 20~70cm 내외로 자랍니다. 실내공기중 포름알데히드 제거 능력이 아이비, 벤자민고무나무와 비슷합니다.

고사리삼–*Botrychium ternatum*은 고사리삼과의 양치식물로 높이 15~40cm 내외로 자라며, 전형적으로 햇빛을 좋아하는 식물입니다. 주로 풀밭이나 냇가의 양지바른 곳에서 볼 수 있으며 유사종은 '단풍고사리삼'이 있습니다. 고사리중에서 잎 모양이 제일 앙증맞고 아름답기 때문에 분재로 키워도 안성맞춤입니다. 실내공기중 포름알데히드 제거 능력이 안스리움, 싱고니움과 비슷할 정도로 뛰어난 편입니다.

1 산지에서 흔히 만나는 고사리삼
2 설설고사리

고사리과 식물들은 양지성, 반양지성, 음지성 식물이 있으므로 대개 반양지에서 키우는 것이 좋습니다. 물 빠짐이 좋은 축축하고 비옥한 토양에서 잘 자라며, 다습한 환경을 좋아하기 때문에 1주일에 한번 잎의 앞뒤면을 분무기로 뿌려줍니다. 번식은 포자 번식과 포기나누기로 합니다. 부처손은 건조할 경우 잎이 말리는 성격이 있으므로 잎 모양을 보며 충분히 관수하며, 베란다에 암석 정원이나 분재로 키우면 아주 좋습니다. 부처손은 포자 또는 포기나누기로 번식합니다.

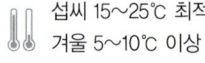 섭씨 15~25℃ 최적
겨울 5~10℃ 이상

 반양지

 흙이 마르면 관수

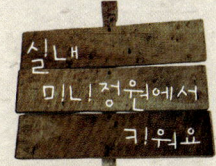

사랑이 찾아오는 설렘의 꽃
아가판서스

분 류 **백합과 상록구근식물**
영어명 African lily
학 명 *Agapanthus Africanus*
높 이 0.5~1.2m

사랑이 찾아옴, 사랑의 편지라는 설렘의 꽃말을 지닌 아가판서스는 남아프리카 원산지의 백합과 알뿌리 식물입니다. 17세기말 유럽에 알려진 아가판서스는 단아한 생김새 때문에 실내식물로 각광받았고, 서리가 내리지 않는 곳에서는 노지에 즐겨 심기도 하였습니다.

잎은 길이 10~35cm, 너비 2cm 내외이고 짧은 잎자루가 있습니다. 꽃은 환경에 따라 다르지만 국내에서는 4~9월 사이에 피며 30~60cm 길이의 꽃대 위에서 산형꽃차례로 달립니다. 꽃은 향기가 좋아 벌과 나비가 좋아합니다. 통 모양의 꽃은 흰색, 연한 파란색이 있고 각각의 꽃은 2.5~5cm의 지름을 가졌습니다.

아가판서스를 가정에서 키우려면 햇빛이 잘 드는 베란다에서 키워야 합니다. 권장 생육 온도는 15~25도이며 월동 가능 온도는 영상 5도인데, 남부지방에서는 노지에서 키울 수 있습니다. 수분은 흙이 말랐을 때 보통으로 관수합니다. 번식은 알뿌리나 종자, 포기나누기로 할 수 있는데 가정에서는 모종으로 키우는 것이 좋습니다.

흡연장소에 좋은 공기정화식물

담배연기에서 나오는 일산화탄소, 벤젠, 포름알데히드 등
각종 유해한 독성물질은 간접흡연의 폐해가 되고 있습니다.
이러한 독성물질 제거에 강한 공기정화식물로는
세이브리지야자, 파키라, 포트맘, 치자나무 등을 꼽습니다.

대나무처럼 시원함을 주는 대나무야자

이산화탄소 흡수에 강한 금전수 파키라

기능성이 뛰어난 가을국화 포트맘 소국

식용색소로도 쓰이는 예쁜 꽃의 치자나무

81

대나무처럼 시원함을 주는
대나무야자 세이브리지야자
Chamaedorea seifrizii

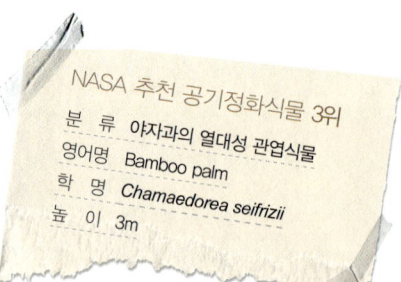

NASA 추천 공기정화식물 3위
분 류 야자과의 열대성 관엽식물
영어명 Bamboo palm
학 명 *Chamaedorea seifrizii*
높 이 3m

대나무야자

흡연장소에 좋은
공기정화식물

멕시코와 과테말라 등의 중앙아메리카에서 자라는 대나무야자는 줄기가 대나무 마디와 비슷해 '대나무야자'라고 불리지만 '세이브리지야자'라는 이름으로 더 많이 알려져 있습니다.

세이브리지야자의 줄기는 올 곧게 자라고 잎은 12~15개의 작은 잎으로 되어 있습니다. 수분을 좋아하는 만큼 증산작용이 뛰어나 겨울철에 실내 난방기를 가동할 때 가습기 기능을 대신하기에 충분합니다.

병충해에 강하지만 응애-흡즙성 해충가 겨울 건조기에 발생하기도 합니다. 응애가 발생하면 분무기에 물, 알코올, 주방세제 거품을 적당량 섞어 응애가 발생한 부분에 1주일에 1회 정도 뿌려주거나, 잎을 촉촉하게 자주 닦아 응애 발생을 방지합니다.

 공기정화 포인트

벤젠, 포름알데히드, 트리클로로에틸렌, 일산화탄소 등을 제거하는데 탁월한 효과가 있습니다. 공기가 탁한 흡연실 등의 밀폐공간 이나 작업실 등에 좋습니다. 미항공우주국(NASA)이 선정한 공기정화식물 가운데 3위를 차지한 우수한 식물로써 사무실, 유치원, 가정 집 거실에서 실내실물로 키우거나 새로 이사 간 집, 새로 오픈한 상점의 선물용으로도 추천할만한 합니다.

대나무야자의 줄기

 어떻게 키울까요?

야자나무류 가운데 키우기 쉬운 식물중 하나이지만 추위를 잘 탑니다. 적정 기온은 15~24도 내외이고 10도 이상이면 월동할 수 있습니다. 완전 음지보다는 반음지나 햇빛이 좀 있는 곳에서 잘 자랍니다. 여름철에는 배수가 잘되는 화분에서 과습하지 않는 한도 내에서 수분을 충분히 공급하거나 스프레이로 물을 자주 뿌려주고 겨울철에는 겉흙이 젖을 정도로 수분을 공급합니다. 번식은 종자번식이 가능한데 보통 6개월 뒤 싹이 납니다. 잎을 녹색으로 유지하려면 여름철 약간의 비료를 공급해야 합니다.

 섭씨 15~24°C 최적
겨울 10°C 이상

 반음지

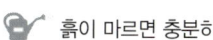 흙이 마르면 충분히

82

이산화탄소 흡수에 강한 금전수

파키라
Pachira aquatica

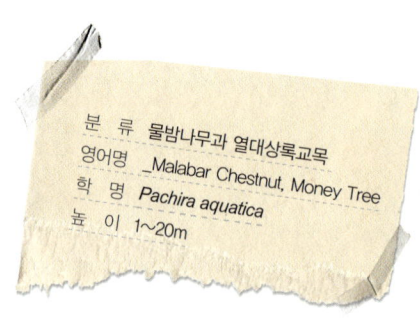

분 류 _물밤나무과 열대상록교목
영어명 _Malabar Chestnut, Money Tree
학 명 _Pachira aquatica
높 이 _1~20m

재물이 들어오는 나무로 유명한 파키라는 가난뱅이였던 어느 남자가 길가에서 이상한 나무를 발견하고는 행운의 징조라고 여겨 집으로 가져와 잘 키운 뒤 이 나무를 팔아 부자가 되었다는 전설이 있습니다.

파키라가 실내식물로 보급된 것은 1980년대부터입니다. 대만에서 파키라를 작은 크기로 키우는데 성공하였고 파키라가 재물을 불러오는 금전수로 많은 홍보를 한 탓에 일본과 중국 등지에서 선풍적인 인기를 얻게 되었습니다.

공기정화 포인트

파키라는 일반 가정에서도 많이 키우는 공기정화식물중 하나이며 베란다나 거실이 안성맞춤입니다. 수분을 좋아하므로 베란다에 작은 연못을 만든 뒤 키울 수 있습니다. 또한 작은 크기의 분화가 많으므로 사무실 어디에 두어도 잘 어울리고, 독성 성분이 없어 유치원이나 학교에도 좋습니다. 포름알데히드와 이산화탄소 제거 능력이 탁월하고 음이온을 발생시키므로 자녀들의 공부방에나 흡연이 빈번한 사무실 주변에도 많이 배치합니다.

파키라는 멕시코와 남미가 원산지인 식물로 꽃과 잎을 보기 위해 키우는 실내식물입니다. 국내에서는 0.3~2m 크기의 다양한 분화가 판매되고 있지만 자생지에서는 20m까지 성장하는 키 큰 나무입니다.

잎은 줄기 끝에서 물갈퀴 모양으로 달리고 작은 잎은 긴 타원형입니다. 꽃은 매우 크고 꽃잎은 바나나 껍질을 벗긴 것 같고 수술은 자귀나무 꽃과 비슷하게 활짝 벌어집니다. 열매는 땅콩 맛이 나며 사람이 먹을 수 있습니다.

3m 높이로 자란 파키라

파키라는 햇빛에서 잘 자라지만 반그늘에서도 성장이 양호합니다. 여름철 직사광선에서는 잎이 탈 수도 있으므로 피하는 것이 좋습니다. 배수가 잘 되는 토양에서 물은 약간 촉촉하게 공급하되 건조하지 않도록 관리합니다. 월동 가능 온도는 10도 내외이지만 짧은 시간이라면 -2도에서도 견딜 수 있습니다. 번식은 종자와 꺾꽂이 번식이 가능합니다.

섭씨 20~30℃ 최적
겨울 5~10℃ 이상

반양지

겉흙이 마르면 촉촉하게

83

기능성이 뛰어난 가을국화

포트맘 소국

Chrysanthemum morifolium

NASA 추천 공기정화식물 14위
분 류 국화과
영어명 Florist's mum
학 명 *Chrysanthemum morifolium*
높 이 0.3~1m

국내에서 소국으로 유통되는 포트맘 품종들

미우주항공국-NASA이 추천한 공기정화식물 가운데 14위인 국화는 흔히 포트맘-Florist's mum이라고 불리는 개량 국화를 지칭합니다. 국내에서 유통되는 개량 국화에는 소국, 중국, 대국 등 다양한 품종이 있는데, 이 중 포트맘은 꽃의 크기가 작은 소국류의 개량 국화를 말합니다.

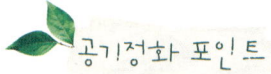

공기정화 포인트

실내 공기중 포름알데히드, 크실렌, 벤젠, 암모니아 제거 효과가 있습니다. 식물체에 독성이 없으므로 유치원이나 어린이집 등에서 키울 수 있고, 공기중 화학성분을 제거하는 기능이 탁월하므로 새집증후군, 화장실용, 사무실 접견실 탁자 위 식물로도 적합합니다. 또한 담배연기의 주성분인 벤젠을 제거할 수 있으므로 담배를 많이 피우는 장소에서도 키울 수 있습니다.

포트맘은 실내에 떠다니는 유해물질 제거 능력이 매우 탁월해 가을의 실내식물로 적당합니다.

소국은 흰색, 노란색, 주황색, 빨간색, 핑크색 등으로 있고 아딜로, 아즈마, 일월, 크랭볼, 엔젤 등의 갖가지 품종들이 대부분 실내에서 오랫동안 키울 수 있도록 개발된 개량 국화들입니다. 개량 국화가 아닌 자생 국화속 식물인 산국이나 감국, 구절초 등 야생화를 키우는 것도 좋지만 야생화는 관리에 어려움이 많으므로 요즘에는 키우기 쉽고 꽃도 오래 피는 개량 국화를 더 선호하는 추세입니다. 또한 샤스타데이지, 천수국-메리골드, 마거릿 등 외래종도 국화과 식물이므로 소국류와 함께 키우면 1년 내내 화려한 꽃을 감상할 수 있고 공기정화 효과도 얻을 수 있습니다. 연구 결과에 따르면 실내 면적의 약 3%를 국화속 식물로 채우면 실내공기가 매우 맑아진다고 합니다.

소국은 꽃 지름이 6~9cm 이하인 국화 품종을 말합니다. 꽃의 품종에 따라 봄, 여름, 가을에 꽃을 볼 수 있고, 색상도 여러 가지로 화려하여 분화나 화단용, 절화용, 꽃다발용, 꽃바구니용 등으로 많이 이용합니다.

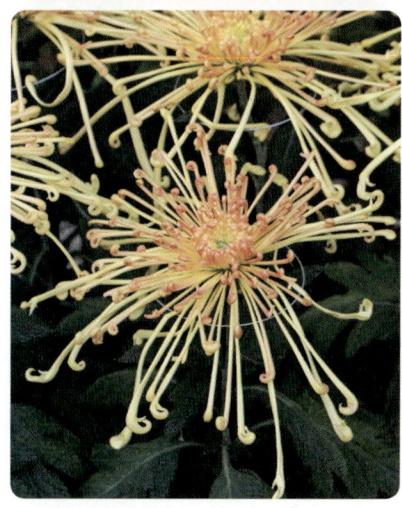

개량국화 대국 품종

대국은 꽃 지름이 보통 18cm 이상인 국화꽃을 말하며 결혼식, 장례식, 각종 행사장에서 흔히 볼 수 있습니다. 국내에서는 약 300여 종의 대국 품종이 시중에 유통되고 있습니다. 참고로 소국의 원종인 *Chrysanthemum morifolium*은 중국, 일본이 원산지이며 보통 가을에 꽃이 핍니다.

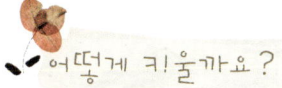

햇빛을 좋아하지만 직사광선에 바로 노출시키는 것은 피하고 밝은 실내에서 키우는 것이 좋습니다. 배수가 잘되는 기름진 토양에서 잘 자랍니다. 실내에서는 남향, 서향, 동향 창가에서 키우는 것이 좋습니다. 생육 권장 온도는 10~24도이고 월동 가능 온도는 -2~0도입니다. 수분은 보통으로 공급하며 봄에 씨앗을 뿌려 번식하거나 꺾꽂이로 번식합니다.

섭씨 10~24℃ 권장
겨울 -2~0℃ 이상

 양지, 반양지

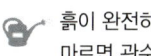 흙이 완전히 마르면 관수

84
식용색소로도 쓰이는 예쁜 꽃의
치자나무
Gardenia jasminoides

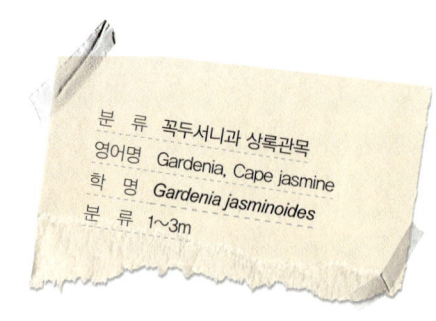

분 류 꼭두서니과 상록관목
영어명 Gardenia, Cape jasmine
학 명 *Gardenia jasminoides*
분 류 1~3m

가정에서 키우는 꽃치자나무

중국, 대만, 베트남, 일본 등에서 볼 수 있는 치자나무는 1500년경 우리나라에 도입된 상록관목으로 주로 남부지방에서 심어 길렀습니다. 진한 향기로 큰 인기를 얻으면서 중부이북의 추운 지방에서는 실내식물로 보급되었는데, 연구 결과에 의하면 포름알데히드 제거 능력이 매우 탁월한 식물로 알려졌습니다. 품종은 치자나무와 꽃치자나무가 있으며 홑꽃 품종과 겹꽃 품종을 볼 수 있습니다.

잎은 마주나며 길이 3~15cm이고 긴 타원형이고 털이 없으며 표면은 혁질의 빛이 납니다. 잎줄기는 짧은 편이고 잎 가장자리에는 톱니가 없습니다.

공기정화 포인트

포름알데히드 제거 능력만으로 비교할 때 야자나무류에 비해 2~5배 뛰어나므로 회사의 흡연실이나 담배를 많이 피는 가정에서 담배연기 성분중 하나인 포름알데히드를 제거할 때 안성맞춤입니다. 반음지성 식물이므로 가정에서는 때때로 햇빛이 들어오는 거실이나 베란다에서 키울 수 있습니다.

꽃은 6~7월에 흰색으로 피며 진한 향기가 있어 '치자향'이라고도 말합니다. 꽃받침은 끝이 6~7개로 갈라지고 꽃잎은 6~7개, 수술도 6~7개인데 꽃잎이 겹으로 달리는 겹꽃 품종도 있습니다.

열매는 9월경 주황색으로 익고, 길이 3.5㎝ 내외의 장타원형이며 6~7개의 홈이 있습니다. 이 열매는 황금색 색소로 사용되는데 주로 홑꽃 치자에서 열립니다. 가정에서는 열매를 물에 우려내 노란색 물이 나오면 튀김 요리의 반죽으로 사용하기도 합니다.

유사종인 꽃치자나무-var. *radicans Makino*는 치자나무에 비해 전체적으로 수형과 잎, 꽃이 작은 품종을 말합니다.

치자나무는 수천 년 전부터 중국에서 재배된 식물이며 주로 식용색소로 사용되었습니다. 한방에서는 치자열매를 치자-梔子라고 하여 청열, 열병, 황달, 불면증, 임병, 비출혈, 혈뇨 등에 사용하며, 치자나무 뿌리, 잎, 꽃도 그와 비슷한 효능을 갖고 있습니다.

1 치자나무의 꽃 2 치자나무 열매
3 치자나무 잎 4 꽃치자나무 겹꽃 품종

반그늘에서 잘 자랍니다. 추위에 매우 약해 남부지방에서는 노지에서 키울 수 있지만 중부이북에서는 실내식물로 키우는 것이 좋습니다. 물빠짐이 좋은 비옥한 사질양토를 좋아하며 흙은 촉촉하게 관리합니다. 물은 흙이 말랐을 때 충분히 공급합니다. 번식은 종자 또는 꺾꽂이로 가능합니다. 종자는 가을에 수확한 뒤 이듬해 봄에 뿌리고, 꺾꽂이는 꽃이 진 7월경 새 가지를 잘라 심으면 됩니다.

섭씨 15~25℃ 권장
겨울 3~5℃ 이상

 반음지

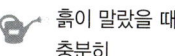 흙이 말랐을 때 충분히

기억력 증진과
건강에 좋은
공기정화식물

허브식물은 식물에서 뿜어져 나오는 향을 통해 피로감을 해소하며,
기분을 상쾌하게 합니다. 또한 살균력과 함께 음이온을 발생시켜
몸을 진정시켜주는 작용을 합니다. 이러한 식물로는
로즈마리, 애플민트, 먼나무, 차나무, 자스민 등을 추천합니다.

머리를 맑게 하는 바다의 이슬 로즈마리
향기로 사람에게 이로움을 주는 자스민
피로회복과 살균력이 강한 애플민트
강력한 음이온으로 스트레스를 풀어주는 먼나무
포름알데히드 제거 능력이 탁월한 차나무

85

머리를 맑게 하는 바다의 이슬
로즈마리
Rosmarinus officinalis

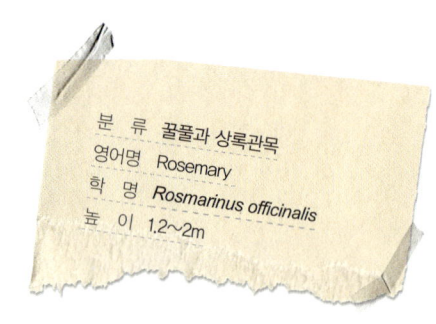

분 류 꿀풀과 상록관목
영어명 Rosemary
학 명 *Rosmarinus officinalis*
높 이 1.2~2m

로즈마리-Rosemary는 민트향이 나는 꿀풀과의 상록관목이며 지중해가 원산지입니다. 학명의 유래는 라틴어의 이슬-Ros과 바다-Marinus가 합쳐진 것으로 '바다의 이슬-*Rosmarinus*'이란 뜻입니다.

키는 1.5~2m 내외로 자라고 잎은 바늘잎 모양으로 잎의 길이는 2~4cm 내외, 위쪽은 녹색, 아래쪽은 흰색입니다. 잎을 씹으면 톡 쏘는 향미가 있어 각종 향신료나 허브티로 사용할 수 있습니다.

공기정화 포인트

실내 공기중 포름알데히드를 제거하는 기능이 매우 우수합니다. 아파트는 햇빛이 잘 들어오는 베란다 등에서 키우며, 왜성종의 경우 걸이분으로 키울 수 있습니다. 유치원이나 공부방, 그리고 카페에서 키울 때는 햇빛이 잘 들어오고 통풍이 잘 되어야 로즈마리 특유의 민트향을 느낄 수 있습니다. 또한 로즈마리 오일은 피부 트러블 개선, 혈액 순환, 피부 마사지에 사용되거나 아토피 피부염에도 좋습니다.

기억력 증진과 건강에 좋은
공기정화식물

입술 모양의 꽃은 겨울에서 봄 사이에 피고, 따뜻한 기후에서는 계절에 관계없이 반복해서 핍니다. 위술은 2갈래, 아래 술은 3갈래로 갈라지며, 꽃의 색상은 품종에 따라 흰색, 분홍색, 자주색, 푸른색 등이 있습니다.

꽃에는 향기가 있어 벌, 나비, 새들을 불러 모으며 사람이 섭취할 수 있고 맛이 그다지 쓰지는 않습니다.

로즈마리는 예로부터 전통의 향신료로 유명했지만, 각종 곤충을 퇴치하는 효과가 있어, 잔가지를 주방에 놓으면 나방 등을 퇴치할 수 있습니다. 잘 말린 잎과 꽃은 샴푸대용으로 사용하기도 하여, 특히 비듬에 효능이 있습니다. 그리고 로즈마리 오일은 비누, 향료, 약용으로 사용할 수도 있습니다.

로즈마리는 서기 14세기경 영국 에드워드 3세의 왕비인 Philippa of Hainault에 의해 처음 재배된 것으로 전해지며, 그 후 유럽 전역에 보급되어 인기 있는 허브로 탄생합니다. 고대 그리스에서는 로즈마리가 기억력을 증진시키는 식물이라고 하여 시험 전 밤새 공부할 때는, 로즈마리 화관을 쓰고 공부했다는 이야기가 있습니다. 또한 로즈마리 잎은 환자나 죽은 사람이 떠난 빈 방의 나쁜 공기를 없애기 위해 불로 태우기도 했는데, 이렇게 하면 방안 공기가 정화된다는 합니다. 이 무렵 그리스와 이집트에서는 우정, 충성, 사랑, 추억을 상징하는 로즈마리를 결혼식이나 장례식에 사용했다고도 전해집니다.

로즈마리의 꽃

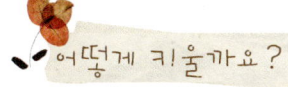

햇빛 아래에서 잘 자라며 그늘에서는 잘 자라지 않습니다. 매일 최소 6시간을 햇빛에 노출시켜야 실내에서 키울 수 있습니다. 물빠짐이 좋은 토양을 좋아하며, 기름지거나 황무지에서도 잘 자라지만 아주 기름진 토양에서는 생육이 불량합니다. 건조한 땅에서도 비교적 잘 견디므로 수분은 보통보다 적게 공급하며, 습기가 없도록 관리합니다. 번식은 꺾꽂이와 휘묻이로 진행하며, 종자 번식은 발아에 장시간이 소요되므로 권장하지 않습니다.

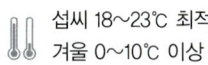 섭씨 18~23℃ 최적
겨울 0~10℃ 이상
 양지, 반양지
 1~2주에 한번

1235년 헝가리의 엘리자베스 여왕은 자신의 반신불구 증세를 와인에 적신 로즈마리로 마사지해 치료했다고 합니다.

1665년 유럽에서 페스트가 유행했을 때, 여행자들은 로즈마리 줄기를 안쪽 주머니에 지니고 다녔는데, 의심스러운 지역을 통과할 때는 로즈마리 줄기를 코에 대고 냄새를 맡았습니다.

17세기경 영국에서는 로즈마리 잎과 줄기가 잘 부서지지 않아 토피어리 가든의 주 소재가 되기도 하였습니다.

중세 유럽의 의사들은 로즈마리를 베게 맡에 놓으면 악몽과 근심거리를 떨칠 수 있다고 믿었고, 이러한 믿음은 근대까지 이어져 프랑스의 의사들은 2차대전 당시 노간주나무의 열매와 로즈마리 잎을 태워 병원 내 전염균을 예방하기도 했습니다.

로즈마리가 자생하는 지중해에서는 주로 건조한 땅이나 모래땅, 암석지대에서 볼 수 있는데, 이를 보면 알 수 있듯 물 관리에 그다지 신경 쓰지 않아도 잘 자랍니다. 그러나 가지치기를 하지 않으면 마구 자라기 때문에 일정 크기가 되면 가지치기를 하거나 철사로 모양을 잡아주기도 합니다. 남부지방에서는 노지에서 키울 수 있고, 잎이 직사광선이나 늦가을 추위에 말라비틀어지면, 그 부분만 따주거나 실내로 옮기면 다시 예쁘게 새잎이 돋아납니다.

86

향기로 사람에게 이로움을 주는
자스민
Jasminum polyanthum

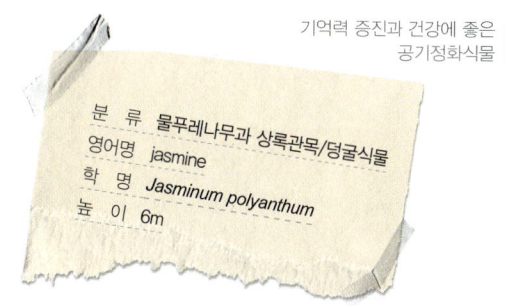

기억력 증진과 건강에 좋은
공기정화식물

분 류	물푸레나무과 상록관목/덩굴식물
영어명	jasmine
학 명	*Jasminum polyanthum*
높 이	6m

물푸레나무과 자스민속-屬에 속하는 식물은 세계적으로 약 300여종이 있습니다. 우리나라에서 자생하는 식물로는 영춘화가 있고, 품종에 따라 열대와 아열대의 아시아 지역, 북중미지역, 아프리카 지역에 분포합니다.

자스민은 실내 공기중 포름알데히드를 제거하는 효능이 있고, 잘 말린 꽃은 자스민차로 유명합니다.

학자스민은 덩굴형태의 식물로 중국 서부와 보르네오 섬이 원산지입니다. 2~4월에 피는 꽃은 연한 핑크색을 띤 흰색이며 강한 향기가 나고 잎은 콩과 식물과 비슷합니다. 학자스민은 국내 유통 자스민 중 진짜 자스민의 하나라고 할 수 있습니다.

노란색 꽃이 피는 *Jasminum floridum Bunge*은 상록관목으로 높이 1.2m 내외로 자라는데 국내에서는 유통되지 않고, 캐롤라이나 자스민이라고 불리는 가짜 자스민이 유통됩니다.

말리화라고 불리는 *Jasminum sambac*은 높이 3m 내외로 자라는 관목으로 인도, 스리랑카, 필리핀, 미얀마가 원산입니다. 자스민차의 재료는 말리화의 꽃을 잘 말려 사용한 것을 말합니다.

말리화는 필리핀과 인도네시아의 국화이며 홑꽃품종과 겹꽃품종 등 다양한 품종이 있고 꽃은 6~9월 사이에 개화합니다. 캄보디에서는 불전에 바치는 꽃으로 유명하며, 필리핀에서는 면류관이나 화환을 만들어 관광객에서 씌워주고, 자스민 오일을 추출해 시장에서 판매하기도 합니다.

화원에서 유통되는 자스민 중 '캐롤라이나 자스민'은 마전과, '브룬펠시아 자스민'은 가지과, '오렌지 자스민'은 운향과, '동백자스민-만데빌라'는 협죽도과 식물이므로 엄밀히 따지면 진짜 자스민이 아닌 이름만 자스민입니다. 이들 식물들은 자스민처럼 향기가 강하다고 하여 자스민이란 이름이 붙었으므로, 공기정화용 자스민을 구입하고 싶다면 학자스민이나 말리화를 구입하는 것이 맞습니다.

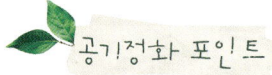

자스민은 실내공기 중 포름알데히드를 제거하는 효과가 있습니다. 또한 향기가 좋아 우울증을 치료하는 효과가 있으며 여성의 생리를 정상화하고 산후고통 완화, 모유 촉진, 냉증, 피부 탄력에 효능이 있습니다. 이 가운데 학자스민은 덩굴속성이 있으므로 걸이분으로 키우고, 말리화는 관목이므로 분화로 키우는 것이 좋습니다.

학자스민은 양지, 또는 밝은 음지에서 잘 자랍니다. 월동 가능 온도는 -7도이고 수분은 보통으로 관수합니다. 번식은 꺾꽂이와 휘묻이로 번식합니다. 말리화는 종자 또는 꺾꽂이로 번식합니다.

겨울 -7℃ 이상 　　반양지, 반음지 　　흙이 마르면 관수

기억력 증진과 건강에 좋은
공기정화식물

1 자스민으로 유통되는 캐롤라이나 자스민
2 동백자스민으로 유통되는 만데빌라
3 자스민으로 유통되는 브룬펠시아

87

피로회복과 살균력이 강한

애플민트

Mentha suaveolens

분 류 꿀풀과 여러해살이풀
영어명 Apple Mint
학 명 Mentha suaveolens
높 이 0.4~1m

남서유럽과 서지중해가 원산지인 애플민트는 높이 0.4~1m까지 자라는 여러해살이 풀입니다. 전초에서 박하와 사과를 섞은 듯한 향이 나기 때문에 애플민트라고 부릅니다. 애플민트는 다른 민트류에 비해 맛이 좀 달달한 편입니다.

잎은 밝은 녹색, 그리고 사각형에 가까운 달걀 모양이고 잔털과 주름이 있습니다. 잎 길이는 3~5cm, 너비는 2~4cm입니다. 이 잎은 애플민트 향이 있는 젤리나 파스타 요리인 쿠스쿠스, 민트차, 샐러드 등으로 먹을 수 있고 각종 향신료로 사용할 수 있습니다.

공기정화 포인트

실내 공기중 포름알데히드를 제거하는 효과가 있습니다. 번식력이 왕성하여 노지에서 키울 경우 농작물 지역까지 침범할 수도 있습니다. 가정에서 키울 때는 햇볕이 좋은 창가나 베란다에서 키우는 것이 좋습니다.

또한 피로회복, 소화불량에 효능이 있고 살균 능력이 탁월하여 치약, 비누, 보디클렌저의 원료가 되기도 합니다. 말린 잎은 발효항아리나 천주머니에 담아 실내용 방향제로 사용할 수 있는데, 문헌에 따르면 고대 그리스 때부터 향수나 목욕물로 사용한 기록이 있습니다.

꽃은 늦여름에서 초가을 사이에 흰색이나 핑크색으로 피며, 향기가 있어 벌과 나비, 새들을 불러 모읍니다.

유사종으로는 파인애플민트-*Mentha suaveolens 'Variegata'*, 포도민트-*Mentha suaveolens x piperata* 등이 있습니다.

1 애플민트의 꽃
2 애플민트의 잎

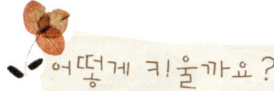

햇빛 아래에서 잘 자라며 밝은 음지에서도 성장이 양호한 편입니다. 비옥질의 축축한 토양에서 잘 자랍니다. 수분은 보통으로 공급하되 흙이 마르면 듬뿍 주며, 과습하지 않도록 조심해야 합니다. 추위에 비교적 강한 편이며, 번식은 꺾꽂이 또는 포기나누기로 번식시킵니다.

섭씨 18~23℃ 최적
겨울 0℃ 이상

 반음지. 반 양지

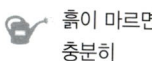 흙이 마르면 충분히

88

강력한 음이온으로
스트레스를 풀어주는

먼나무

Ilex rotunda THUMB

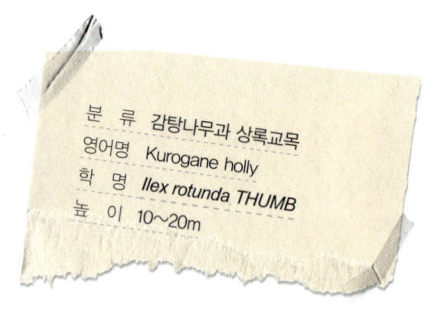

분 류 감탕나무과 상록교목
영어명 Kurogane holly
학 명 Ilex rotunda THUMB
높 이 10~20m

먼나무의 열매

공기정화 포인트

먼나무는 대형 화원에서도 찾기 힘든 나무이지만 최근 연구에 의하면 음이온 발생량이 산세베리아의 3배에 달할 정도로 매우 뛰어난 식물로 알려져 있습니다. 음이온은 몸을 진정시키고 기분을 상쾌하게 함은 물론 모세혈관을 확장해 혈액순환에 도움을 주는 작용을 합니다. 궁극적으로 스트레스를 풀어주거나 노인들의 고질적인 관절통 개선에도 도움을 줍니다. 한방에서는 먼나무의 수피나 뿌리를 지혈, 청혈, 해독, 지통제로 사용하기도 합니다. 나무껍질에서 발견된 syringin 성분은 정력증강, 노화예방, 청력 및 시력 개선에 도움을 준다고 하므로 음이온의 효과와 약으로 사용할 때의 효과가 일맥상통하는 점이 있습니다.

기억력 증진과 건강에 좋은
공기정화식물

먼나무는 우리나라 남부지방과 일본, 중국, 대만의 해발고도 400~1100m에서 자생하는 난대수종의 나무입니다. 우리나라에서는 주로 제주도와 남해안 보길도 등 해발 700m 이하에서 볼 수 있습니다.

타원형의 잎은 어긋나고 혁질의 윤기가 있으며, 길이 4~11cm, 너비 3~4cm입니다. 잎자루는 길이 12~28mm이고 털이 없습니다. 꽃은 5~6월에 취산꽃차례로 달립니다. 꽃받침 잎과 꽃잎은 각 4~5개이고 수술도 4~5개, 꽃잎의 색상은 연한 자주색입니다.

10~11월에 붉게 익는 둥근 열매는 이듬해 봄까지 달리며 새들의 좋은 먹이가 되기도 하지만 한 겨울에도 붉은 색으로 달려 관상가치가 있습니다.

1 먼나무 꽃   2 먼나무 수피

먼나무의 유래에 대해서는 재미있는 이야기가 많습니다. 겨울에도 늘푸른잎을 자랑하기에 먼 곳에서 봐도 한 눈에 알 수 있다는 뜻에서 '먼 곳에서도 보이는 나무'라는 뜻의 '먼나무'가 되었다는 설이 있고, 감탕나무와 비슷한 이 나무를 보고 '저 나무가 뭔 나무요?'라고 물으니 돌아오는 대답 왈 '먼나무 말입니까?'라고 하여 먼나무가 되었다고도 합니다. 제주도에서는 검은색 나무껍질이 먹물 같다 하여 제주도 방언으로 '먹낭-먹나무'라고 불렀는데 이것이 와전되어 '먼나무'가 되었다는 설도 있습니다.

어떻게 키울까요?

양지와 음지를 구별하지 않고 잘 자랍니다. 비옥한 사질양토에서 물은 보통으로 공급합니다. 월동 가능 온도는 1도 안팎이므로 중부이북에서는 노지에서 키울 수 없지만 베란다나 햇빛이 잘 들어오는 창가에서 키울 수 있습니다. 번식은 가을에 수확한 열매에서 과육을 완전히 제거한 뒤 뿌리는데, 발아하는 데만 18개월이 소요되므로, 보통 1년 동안 보관했다가 2년째 되는 봄에 씨앗을 뿌립니다. 꺾꽂이는 여름에 진행합니다. 가정에서 키울 때는 어린 묘목을 구입해 키우는 것이 좋습니다.

 겨울 1℃에서 월동   양지, 음지, 반양지   흙이 마르면 관수

89
포름알데히드 제거 능력이 탁월한
차나무 *Camellia sinensis L.*

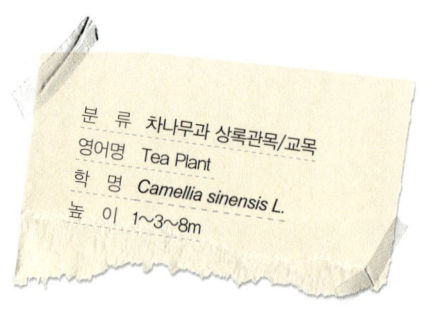

분 류 차나무과 상록관목/교목
영어명 Tea Plant
학 명 Camellia sinensis L.
높 이 1~3~8m

차나무 꽃

차나무는 중국이 원산지입니다. 차의 종류는 잎의 발효 상태에 따라 녹차, 백차, 우롱차, 보이차, 홍차–블랙티 등으로 달라지며, 쿠키티는 예외적으로 찻잎이 아닌 줄기로 만든 차입니다.

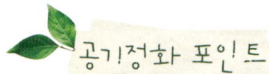 공기정화 포인트

포름알데히드 제거 능력이 팔손이나무와 비슷할 정도로 뛰어납니다. 가정에서 키울 경우 베란다 거실에서 햇빛이 때때로 들어오는 장소에서 키웁니다. 차나무 잎은 1년 뒤부터 수확할 수 있지만 일반적으로 3년 뒤부터 수확하는 것이 좋으며 아침에 수확하는 것이 가장 좋습니다.

홍차가 블랙티로 불리는 이유는 동양에서는 차 색깔이 붉게 보인다 하여 홍차이지만, 서양에서는 검게 보인다 하여 블랙티라고 부릅니다.

차나무 잎은 줄기에서 어긋나고 긴 타원형이며 가장자리에는 둔한 톱니가 있습니다. 잎 길이는 2~15cm. 진한 녹색의 잎은 털이 없고 광택이 나 있습니다. 잎 뒷면은 회록색인데, 싱싱한 잎에는 카페인이 4% 가량 함유되어 있습니다. 우리가 마시는 차에는 주로 연록색의 어린잎을 수확해 사용하는데 보통 1~2주에 한번 1, 2, 3번째 어린잎과 어린 눈을 수확해 사용합니다. 이때 짙은 녹색의 늙은 잎도 차로 사용할 수 있지만 함유된 성분이 다르므로 차의 품질도 그만큼 달라집니다.

꽃은 10~11월에 흰색으로 수줍은 듯 아래로 핍니다. 연한 향기가 나며 분지된 가지나 잎겨드랑이에서 1~3개씩 달립니다. 꽃의 지름은 3~5cm 내외, 꽃받침 잎은 5개, 꽃잎은 6~8개로 밑으로 쳐진 상태로 핍니다.

열매는 지름 2cm 내외이고, 보통 11~12월에 볼 수 있는데, 이듬해까지 달려 있다가 딱딱하게 목질화됩니다. 차나무는 크게 두 가지 품종으로 나뉩니다. 'Camellia sinensis var. sinensis' 품종은 우리가 흔히 보는 잎 크기가 작은 차나무로, 녹차나 우롱차의 재료가 됩니다.

'Camellia sinensis var. assamica' 품종은 잎 크기가 큰 인도 아쌈 주의 차나무로, 이 지역의 차나무 잎은 재배농장에서 절반쯤 가공된 상태에서 영국으로 수출된 뒤, 블랙티-홍차나 립튼 티의 재료가 됩니다.

차나무는 연간 1200mm 이상의 강수량이 많은 지역에서 재배할 수 있는데 중국 운남지방에서는 해발 2100~2700m 고도에서도 차나무를 재배합니다. 차나무는 자연 상태로 자라면 높이 3m 내외까지 성장할 수 있고, 열대지방의 차나무는 최고 8m까지도 성장합니다.

차나무 잎

차밭에서 볼 수 있는 차나무들은 키가 1m 내외로 이는 차나무를 재배할 때 가지치기를 했기 때문입니다. 가령, 전남 보성의 차나무가 어른 허리춤 높이로만 자라는 것은 찻잎을 따기 쉽도록 가지치기를 했기 때문입니다.

인류가 차나무를 재배하며 차를 마신 것은 약 3천년 전입니다. 국내에는 약 1천년 전인 통일신라시대 말기-신라 42대 흥덕왕에 당나라에 사신으로 갔던 김대렴이 차나무 종자를 가지고 오면서 전래되었습니다.

한방에서는 차나무의 잎을 다엽-茶葉이라 하며 머리와 시력을 맑게 하고 해독, 이뇨, 두통, 말라리아, 하리의 약으로 사용합니다. 뿌리는 건선, 심장병의 약으로 사용하고 종자는 천식, 거담, 해수에 사용합니다.

1 보성 차밭
2 차나무 열매

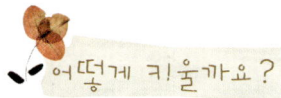

햇빛 또는 반음지에서 잘 자랍니다. 물은 겉흙이 마르면 듬뿍 공급합니다. 소금기에 약해 해안지방에는 적합하지 않지만 국내의 경우 해안가와 가까운 지역에 대규모 차밭이 있습니다. 번식은 종자와 꺾꽂이가 가능한데, 종자 번식의 경우 3일 정도 물에 불린 뒤 4월초에 손가락 한마디 깊이에 심으면 1~3개월 뒤 발아합니다.

 섭씨 5~20℃ 최적
겨울 5℃ 이상

 양지, 반음지

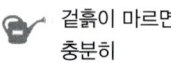 겉흙이 마르면 충분히

부록

가정집 실내 공기의 오염물질

상온—섭씨 20도에서 공기 중 가스 상태로 존재하는 휘발성 유기화학물(VOC)에는 포름알데히드, 벤젠, 트리클로로에틸렌, 크실렌, 톨루엔, 아세톤 등이 있으며, 이는 아토피 증세를 유발할 뿐 아니라 성분에 따라 발암물질을 포함하고 있습니다. 공기정화식물은 24시간 내 실내 오염물질의 70%까지 제거할 수 있는데, 보통 실내 면적의 5~20%를 키우면 효과가 있습니다.

베란다_ 벽면 페인트에서 포름알데히드가 발생하고 도로에서 미세먼지가 유입된다.

거실_ 목재가구(접착성분)와 전자제품(플라스틱)에서 포름알데히드, 벤젠이 발생된다.

옷장_ 합성섬유, 합성의류에서 벤젠, 크실렌 발생

공부방_ 상쾌한 머리를 위해 음이온을 공급하고 PC 전자파 차단을 위해 관련 식물을 키운다.
접착테이프, 프린터 사용시 트리클로로에틸렌이 발생한다.
새 교과서—잉크에서 크실렌이 발생한다.
각종 플라스틱, 목재가구에서 포름알데히드, 벤젠이 발생한다.

창문, 현관으로 들어오는 자동차 매연_ 벤젠, 이산화탄소, 아황산, 일산화탄소, 질소산화물이 실내로 유입된다.

침실_ 목재가구, 전자제품에서 포름알데히드, 벤젠 등이, 커튼, 카펫에서 포름알데히드가 발생한다.

화장실 & 욕실_ 암모니아가 올라오고 각종 세정제, 세제, 플라스틱에서 벤젠이 발생한다.

담배 연기_ 포름알데히드, 벤젠, 일산화탄소, 이산화탄소 등이 발생한다.

주방_ 생선, 육류 조리시 또는 요리재료 등이 부패할 때 일산화탄소, 이산화황, 이산화질소 등이 발생된다.
가스 연소시 포름알데히드 발생
음식물쓰레기 냄새에서 각종 질소산화물 발생

저급 화장지, 저급 종이타월_ 포름알데히드가 발생(국내법상 화장지에 포름알데히드 사용 금지, 일부 저급 화장지에서 발생)한다.

사무실, 상점의 실내 공기중 오염물질

사무실이나 상점에서도 실내 공기 속에도 VOC가 떠다닙니다. 도로변에 위치한 사무실은 특히 창문이나 출입문을 통해 매연과 미세먼지가 반입되는데, 이 경우 음이온 발생이 많은 식물로 미세먼지를 제거할 수 있습니다. 도시의 가정과 사무실은 음이온이 부족하므로 음이온 발생이 왕성한 식물을 함께 키우면 효과를 볼 수 있습니다.

병원_ 공기중 포름알데히드와 크실렌 성분이 많다.

사무실_ 공기중 포름알데히드와 크실렌이 병원보다 더 많다.

석유난로_ 벤젠이 발생한다.

프린터 & 복사기_ 트리클로로에틸렌, 크실렌, 벤젠, 포름알데히드가 발생한다.

사무실 벽 페인트 성분_ 트리클로로에틸렌, 크실렌, 벤젠이 발생한다.

상점 내 목재 인테리어_ 접착제, 페인트, 니스를 사용한 목재 인테리어에서 포름알데히드, 크실렌, 벤젠이 발생한다.

연탄난로_ 일산화탄소가 발생한다.

호텔 양탄자_ 양탄자의 접착제 성분 등에서 포름알데히드가 발생한다.

담배 연기_ 포름알데히트, 벤젠, 일산화탄소, 이산화탄소가 발생한다.

청소용 세제_ 암모니아가 발생한다.

학교 과학실_ 포름알데히드 등 각종 유해물질이 떠다닌다.

컴퓨터실_ 크실렌, 톨루엔, 미세먼지가 발생한다.

도로변 사무실_ 자동차 매연이 유입되면서 벤젠, 이산화탄소, 아황산, 일산화탄소, 질소산화물이 실내로 유입된다.

저급 화장지나 종이타월_ 포름알데히드가 발생한다. (국내법상 화장지에 포름알데히드 사용 금지. 일부 저급 화장지에서 발생)

아토피 증세
개선과 관련된
식 물 목 록

이 책에서 다루는 공기정화식물들 중 상당수는 실내 오염물질(VOC) 제거기능이 뛰어나기 때문에 고질적인 아토피 증세를 개선하는 데에도 효과가 있습니다. 하지만 꽃가루 등을 통해 알레르기를 유발하는 식물들은 종종 아토피 증세에 좋지 않은 영향을 줄 수 있으므로 키우기 전에 잘 따져봐야 합니다.

전통적으로 아로마테라피에 사용한 식물

예로부터 아토피를 비롯한 각종 피부 트러블을 개선할 목적으로 사용한 식물들은 대부분 민트계열 식물들입니다. 민트계열 식물들은 호흡시 상쾌감을 주고 살균 효과를 지니고 있어 아로마테라피에 이용되었고, 피부 트러블 개선에도 도움을 줍니다.

1. 로즈마리(Rosemary)를 포함한 민트(박하) 계열 허브
2. 캐모마일(Chamomile)을 포함한 일부 국화과 식물
3. 호두나무(Walnut Tree)류의 잎
4. 알로에 베라(Aloe Vera)
5. 심황(Turmeric) 혹은 울금이라 불리는 카레 원료 식물

이 책의 식물 중 민감한 사람들에게 때때로 피부트러블을 일으키는 식물

다음 12가지 식물들은 정상적인 사람이 접촉하면 피부 트러블이 발생하지 않지만, 알레르기에 민감한 사람이 접촉하면 피부 트러블을 발생시킬 가능성이 있는 식물 목록입니다.

1. 인도고무나무(잎)
2. 아펠란드라(잎)
3. 안수리움(잎, 수액)
4. 크로톤(수액)
5. 율매(잎)
6. 아이비(잎)
7. 포인세티아(잎)
8. 스킨답서스(수액)
9. 부겐빌레아(잎)
10. 필로덴드론 셀로움(잎)
11. 소철(잎)
12. 애플 민트(잎)

아토피 예방을 위한 베이비룸 공기정화식물 목록

베이비룸에서 키울 수 있는 관리에 용이한 식물을 뽑아 보았습니다. 몇몇 식물들은 잎이나 수액에 접촉시 피부 알레르기를 유발할 수 있으므로 아이와 접촉하지 않도록 기르는 것이 좋습니다.

- ▶ 팔손이 나무
- ▶ 디펜바키아 콤팩타
- ▶ 드라세나 맛상게니아(행운목)
- ▶ 클로로피튬(접란)
- ▶ 드라세나 데레멘시스 자넷 크레이그
- ▶ 드라세나 데레멘시스 와네키
- ▶ 벤자민고무나무
- ▶ 스킨답서스(수액과 접촉시 피부 알레르기 유발할 수도 있음)
- ▶ 스파티필룸
- ▶ 아레카야자
- ▶ 아글라오네마(수액과 접촉시 피부 알레르기 유발할 수도 있음)
- ▶ 세이브리지 야자
- ▶ 산세베리아(섭취시 독성 있음)
- ▶ 드라세나 마지나타
- ▶ 선인장

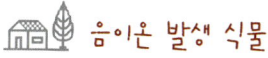 음이온 발생 식물

식물들은 대부분 음이온을 발생하며, 음이온은 실내공기중 미세먼지를 흡착하는 기능을 합니다.
음이온 발생이 뛰어난 식물로는 팔손이나무, 심비디움, 스파티필룸, 관음죽, 산세베리아, 소철 등이 있습니다.

NASA 추천 공기정화식물 50선과 각각의 공기정화 효과

식물명	학명	특기 사항(특별히 우수한 항목만 표시)
1. 아레카야자(황야자)	Chrysalidocarpus lutescens	포름알데히드, 크실렌, 톨루엔, 증산작용, 이산화탄소, 일산화탄소 제거 및 산소 발생이 뛰어난 식물
2. 관음죽	Rhapis excelsa	포름알데히드, 이산화질소, 이산화탄소 제거, 암모니아 제거 우수, 음이온 발생
3. 대나무야자(세이브리지 야자)	Chamaedorea seifrizii	포름알데히드, 트리클로로에틸렌, 벤젠, 일산화탄소 제거
4. 인도고무나무	Ficus elastica co, robusta	포름알데히드 제거 우수, 증산작용
5. 드라세나 데레멘시스 자넷크레이그	Dracaena deremensis "Janet Craig"	포름알데히드 제거 우수, 벤젠 제거, 증산작용
6. 아이비(잉글리시 아이비, 헤데라)	Hedera helix	포름알데히드, 벤젠 제거
7. 피닉스야자	Phoenix roebelenii	포름알데히드, 크실렌, 톨루엔 제거
8. 피쿠스알리(알리고무나무)	Ficus maclellandii "Alii"	인도고무나무와 비슷한 공기정화 효과, 증산작용
9. 보스턴고사리	Nephroiepis exaltata "Bostoniensis"	포름알데히드 제거 우수, 증산작용
10. 스파티필럼	Spathiphyllum sp	포름알데히드, 트리클로로에틸렌, 벤젠, 아세톤, 암모니아, 크실렌, 톨루엔, 메틸알콜 제거, 음이온 발생
11. 행운목	Dracaena Fragrans "Massangeana"	포름알데히드, 크실렌, 톨루엔, 암모니아 제거, 산소 발생 우수
12. 스킨답서스	Epipremnum aureum	포름알데히드, 일산화탄소, 이산화황, 이산화질소 제거
13. 네프롤레피스 오블리테라타	Nephrolepis obliterata	포름알데히드 제거 우수, 크실렌, 톨루엔 제거
14. 포트맘(소국)	Chrysanthemum morifolium	포름알데히드, 트리클로로에틸렌, 벤젠, 암모니아 제거
15. 거베라(미니 거베라)	Gerbera jamesonii	포름알데히드, 트리클로로에틸렌, 벤젠 제거
16. 드라세나 와네키	Dracaena deremensis "Warneckei"	포름알데히드, 트리클로로에틸렌, 크실렌, 톨루엔, 벤젠
17. 드라세나 마지나타	Dracaena marginata	포름알데히드, 크실렌, 톨루엔, 벤젠, 트리클로로에틸렌 제거
18. 필로덴드론 에루베센스	Philodendron erubescens	포름알데히드 제거, 증산작용
19. 싱고니움	Syngonium pofophyllum	포름알데히드, 암모니아 제거
20. 디펜바키아 콤팩타(안나)	Dieffenbachia "Exotica Compacta"	포름알데히드, 크실렌, 톨루엔 제거
21. 테이블야자	Chamaeadorea eleganes	포름알데히드, 암모니아 제거
22. 벤자민고무나무	Ficus benjamina	포름알데히드, 크실렌, 톨루엔, 아황산가스, 암모니아 제거
23. 쉐프렐라(홍콩야자)	Brassaia actinophylla	포름알데히드 제거, 증산작용
24. 베고니아	Begonia Semperflorens	포름알데히드 제거, 증산작용

25. 필로덴드론 셀로움(셀룸)		*Philodendron selloum*	포름알데히드 제거
26. 필로덴드론 옥시카르디움		*Philodendron oxycardium*	포름알데히드 제거
27. 산세베리아		*Sansevieria trifasciata*	포름알데히드 제거, 음이온 발생, 밤에 산소 발생
28. 디펜바키아 카밀라(마리안느)		*Dieffenbachia Camilla*	포름알데히드, 크실렌, 톨루엔 제거
29. 필로덴드론 도메스티쿰		*Philodendron domesticum*	포름알데히드 제거, 증산작용
30. 아라우카리아(호주삼나무)		*Araucaria heterophylla*	포름알데히드 제거
31. 호마로메나 발리시		*Homalomena wallisii*	크실렌, 톨루엔, 암모니아 제거
32. 마란타		*Maranta leuconeura "Kerchoveana"*	포름알데히드 제거, 증산작용
33. 왜성 바나나		*Musa cavendishii*	포름알데히드, 크실렌, 톨루엔 제거, 증산작용
34. 게발선인장(가재발선인장)		*Schlumbergera bridgesii* / *Schlumbergara rhipsaidopsis*	포름알데히드, 전자파 차단, 밤에 산소 발생
35. 그레이프 아이비		*Cissus rhombifolia "Ellen Danica"*	VOC 제거, 증산작용
36. 맥문동		*Liriope spicata*	포름알데히드 제거 우수, 암모니아 제거
37. 덴드로븀(석곡난류)		*Dendrobium sp.*	포름알데히드, 크실렌, 톨루엔, 암모니아 제거
38. 클로로피텀(접란류)		*Chlorophytum comosum "Vittatum"*	포름알데히드, 일산화탄소 제거
39. 아글라오네마 실버퀸		*Aglaonema crispum "Silver Queen"*	포름알데히드 제거
40. 안스리움		*anthurium andraeanum*	포름알데히드, 크실렌, 톨루엔 제거, 암모니아 제거 매우 우수
41. 크로톤		*Codiaeum variegatum pictum*	포름알데히드 제거, 음이온 발생
42. 포인세티아		*Euphorbia pulcherrima*	포름알데히드 제거
43. 아잘레아(서양 철쭉류)		*Rhododendron simsi "Compacta"*	포름알데히드, 암모니아 제거
44. 칼라테아 마코야나		*Calathea makoyana*	포름알데히드, 암모니아 제거
45. 알로에 베라		*Aloe barbadensis*	포름알데히드, 전자파 차단, 밤에 산소 발생
46. 시클라멘		*Cyclamen persicum*	포름알데히드 제거
47. 아나나스(관상용 파인애플류)		*Aechmea fasciata*	포름알데히드 제거, 밤에 산소 발생
48. 튤립		*Tulipa gesneriana*	포름알데히드, 크실렌, 톨루엔, 암모니아 제거
49. 팔레놉시스(호접란류)		*Phalenopsis sp.*	포름알데히드, 크실렌, 톨루엔 제거
50. 칼랑코에		*Kalanchoe blossfeldiana*	포름알데히드 제거, 밤에 산소 발생

찾아보기

ㄱ

가든세이지 207
가을세이지 207
가자니아 69
가자니아 타이거 69
가재발선인장 41
거베라 20
개맥문동 89
게발선인장 40
고비 136
고비고사리 136
고사리삼 225
골든 보스턴고사리 91
공작고사리 49
공작초 67
관음죽 178
구아바 200
군자란 196
귤나무 122
그레이프 아이비 186
글라디올러스 163
금귤 123
금전수 195
꽃치자나무 237

ㄴ

남천 94
넉줄고사리류 224
네프롤레피스 오블리테라타 224

ㄷ

다육식물 35
대국 235
대극도 121
대나무야자 230
덴드로븀 36
덴드로븀 덴팔레 37
덴드로븀 세쿤둠 38
덴드로븀 팔레놉시스 38
덴팔레 38
돈나무 195
동백자스민 244
동양란 36

드라세나 마지나타 182
드라세나 맛상게아나 190
드라세나 와네키 28
드라세나 자넷 크레이그 144
드라세나 콘시나 182
드라세나 콤팩타 144
드라세나 프라그란스 191
드라세나 프라그란스 린데니아나 191
드라세나 프라그란스 맛상게아나 콤팩타 191
드라세타 프라그란스 빅토리아 191
디펜바키아 164
디펜바키아 마리안느 100
디펜바키아 카밀라 100
디펜바키아 콤팩타 101, 164
디펜바키아 트로픽 마리안느 100

ㄹ

라벤더 210
람프란서스 27
레몬밤 70
로도덴드론 레디폴리움 98
로도덴드론 심시 98
로도덴드론 인디쿰 98
로만 캐모마일 202
로부스타 24
로즈마리 240
리베리카 24

ㅁ

마거릿 235
마란타 62
마란타 레우코네우라 63
마란타 바이칼라 63
마란타 아룬디나세아 63
마삭줄 124
말리화 243
맥문동 88
먼나무 248
멀꿀 222
멕시칸세이지 208
무늬벤자민고무나무 79
무늬인도고무나무 19
무스카리 220
미니 거베라 20

ㅂ

바나나나무 160
백년초 209
백량금 192
뱅골보리수나무 19
베고니아 114
베이비세이지 207
벤자민고무나무 78
보스턴고사리 90
봉의꼬리 225
부겐빌레아 170
부채선인장 209
부처손 225
분홍나도사프란 127
붓순나무 108
브로멜리아 117
브룬펠시아 자스민 244
비쭈기나무 30

ㅅ

사루비아 208
사철채송화 27
사프란 219
산세베리아 34
산호수 54
삼척바나나 161
샤스타데이지 235
서양란 36
서양철쭉 98
석곡 38
선인장 209
설설고사리 225
세이브리지야자 230
세이지 206
소국 234
소철 184
송엽국 27
수염 틸란드시아 166
쉐프렐라 22
스킨답서스 58
스파티필럼 130
스피어민트 204

시클라멘 118
시클라멘 헤데리포리움 119
시써쓰 187
신비디움 37
십자고사리 225
싱고니움 92

ㅇ

아가판서스 227
아글라오네마 134
아나나스 116
아네모네 39
아디안텀 48
아라비카 24
아레카야자 14
아스플레니움 120
아스플레니움 니두스 121
아스플레니움 안티쿰 120
아이비 154
아잘레아 98
아펠란드라 52
아펠란드라 스퀘어로사 52
안나 101, 164
안스리움 86
알리고무나무 74
알로에 베라 102
애크메아 파시아타 116
애플민트 246
에피프레넘 59
염좌 194
오렌지 자스민 244
오척바나나 162
옥시 57
온주밀감 123
왜성바나나 160
워터민트 204
율마 150
익소라 46
익소라 치넨시스 47
익소라 코치니아 47
인도고무나무 18
임파첸스 105
잉글리쉬 아이비(헤데라) 155

ㅈ

자금우 55
자스민 243
저먼 캐모마일 202
접란 214
제라늄 126
제피란서스 127
주목 195

ㅊ

차나무 250
천년란 34
천수국 235
체리세이지 207
치자나무 236

ㅋ

카랑코에 64
칼라데아 마코야나 66
칼라데아 오르나타 67
칼라데아 인시그니즈 67
캐롤라이나 자스민 244
캐모마일 202
커피나무 24
콜레우스 80
콜레우스 푸밀루스 81
크라슐라 194
크로커스 219
크로톤 140
클라리세이지 208
킹벤자민 79

ㅌ

털머위 110
테이블야자 132
튤립 216

ㅍ

파인애플민트 247
파인애플세이지 208
파초일엽 120
파키라 195
파키라 232
파티니아 131
팔레놉시스 148
팔손이나무 72
퍼시쿰 119
페퍼민트 204
페페로미아 43
포도민트 247
포인세티아 156
포트맘 234
피닉스야자 180
피쿠스알리 74
피토니아 82
피토니아 베르샤펠티 82
피토니아 아르지로네우라 82
피토니아 알비베니스 82
필레아 147
필로덴드론 셀로움 176
필로덴드론 에루베스센스 146
필로덴드론 옥시카르디움 56
필로덴트론 도메스티컴 173

ㅎ

하이포테스히포 83
학자스민 243
한련 159
행운목 190
헤데라 154
허브식물 162
헬리오트로프 168
호마로메나 발리시 17
호야 44
호접란 37
호접란 148
호주삼나무 142
홍콩야자 22
황야자 14
황칠나무 106

도서출판 이버컴의 실용서 브랜드 **이비락** 樂 은 더불어 사는 삶의 긍정적인 변화를
가져다 줄 유익한 책을 만들기 위해 끊임 없이 노력합니다.
원고 및 기획안 문의 : bookbee@naver.com